Joy's

EASY TO PLAY

K*POP

FOR

PIANO

SEASON

5

조희순·문혜성·문혜린 저

Joy쌤의

누구나 쉽게 _ 치는 K-POP

초급편

차례 | CONTENTS

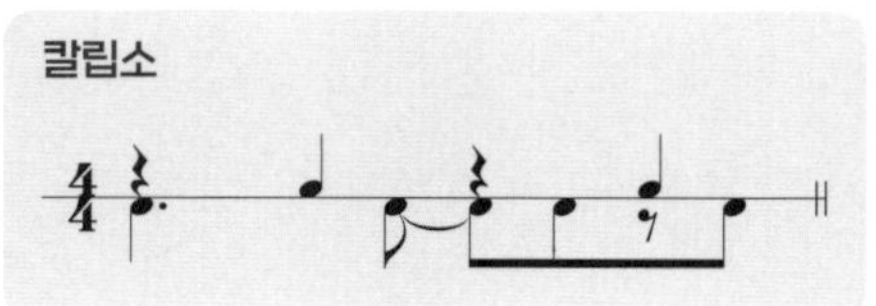

품

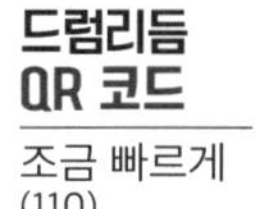

안지영 **작사**
안지영 외 1명 **작곡**
볼빨간사춘기(Bolbbalgan4) **노래**

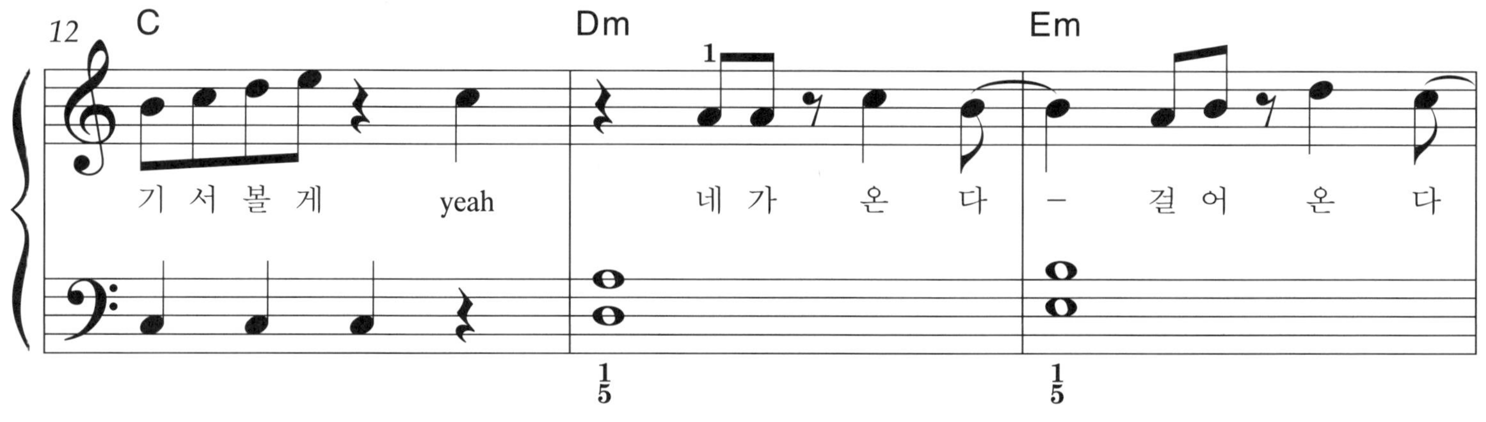
C
Dm
Em
기 서 볼 게   yeah   네 가 온 다 —   걸 어 온 다

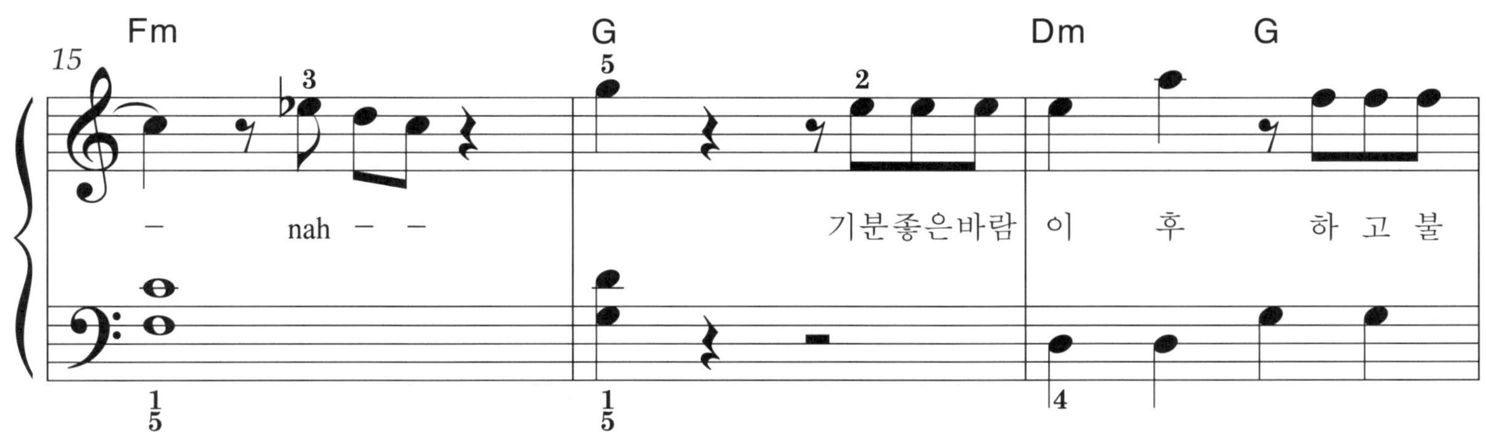
Fm
G
Dm   G
— nah — —   기분좋은바람 이 후   하 고 불

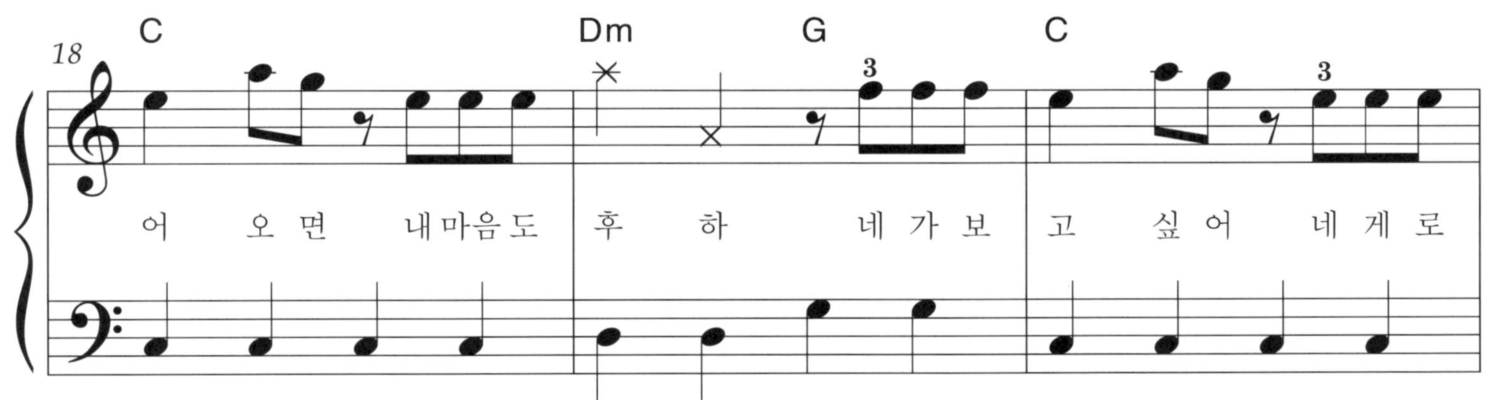
C
Dm   G
C
어 오 면 내마음도   후 하 네 가 보   고 싶 어 네게로

Dm   G
C
Dm   G   C
달 려 갈 래 포 근 하   고 좋 은 너 의   그   품   으 로 —

Dolphin

서정아 외 5명 작사
JHUN RYAN SEWON 외 4명 작곡
오마이걸(OH MY GIRL) 노래

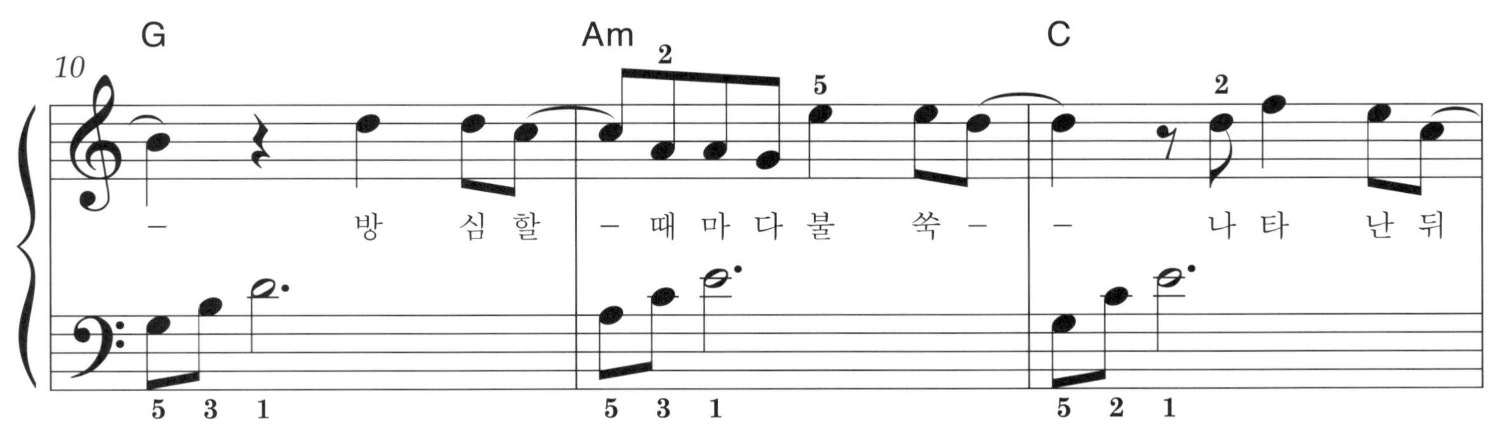

G
Am
C
방 심할 －때마다불 쑥－ － 나타 난뒤
5 3 1
5 3 1
5 2 1

F
G
Dm
－헤엄 치 듯 멀 어 지 － 는 너 － 또
1 5

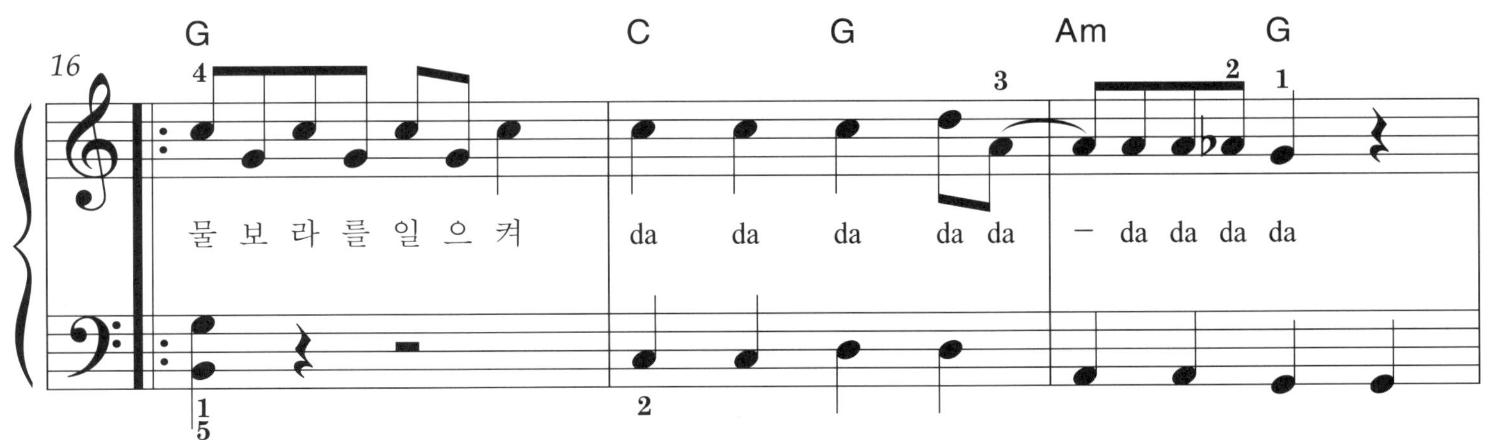

G
C
G
Am
G
물 보 라 를 일 으 켜 da da da da da － da da da da
1 5
2

C   G   Am   G   C   G
19
da da da da 또 물 보 라 를 일 으 켜   da da da da da

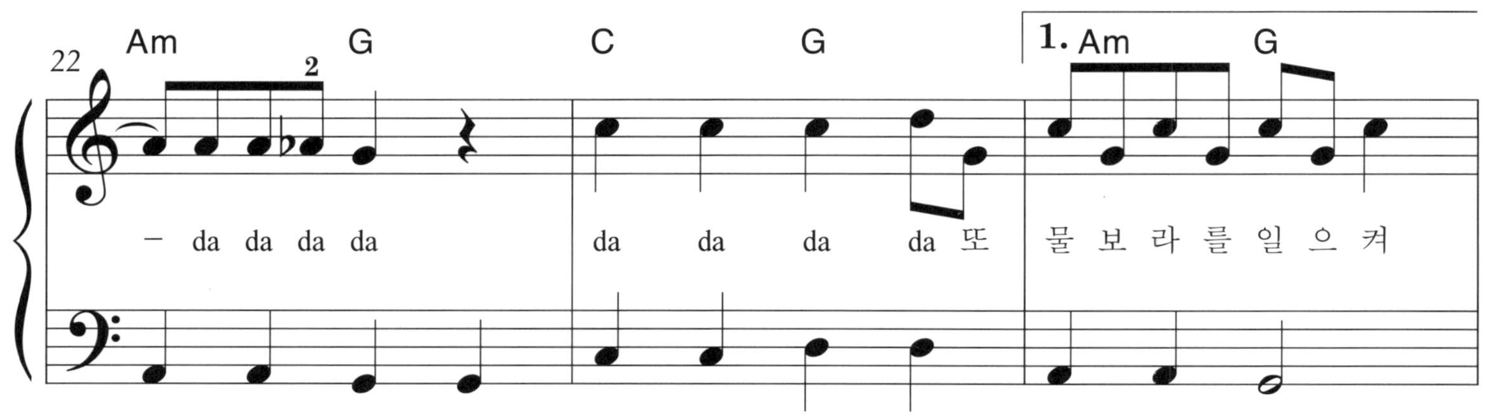

Am   G   C   G   1. Am   G
22
－ da da da da   da da da da 또 물 보 라 를 일 으 켜

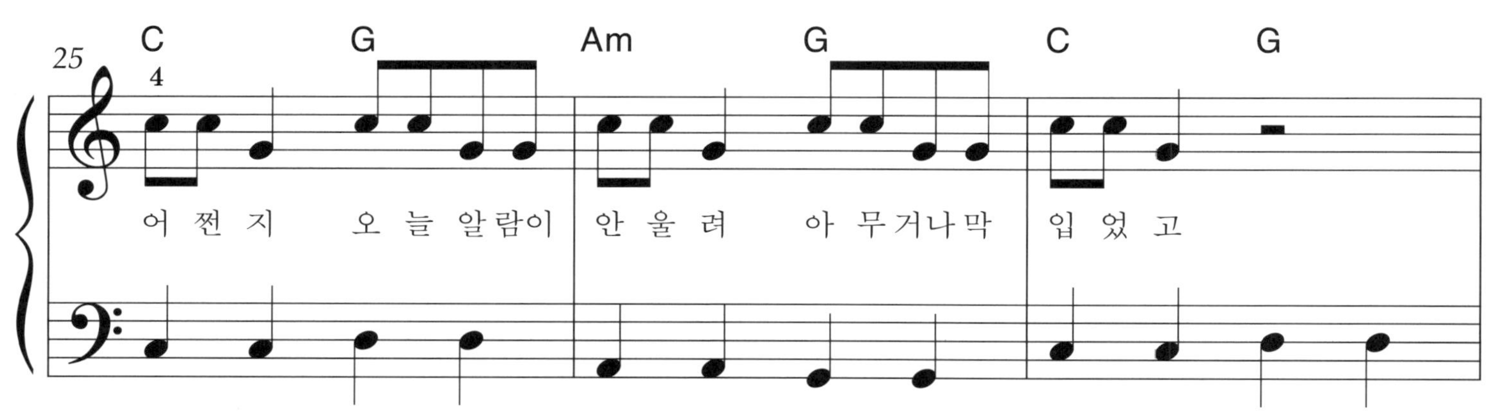

C   G   Am   G   C   G
25
어 쩐 지 오 늘 알 람 이 안 울 려 아 무 거 나 막 입 었 고

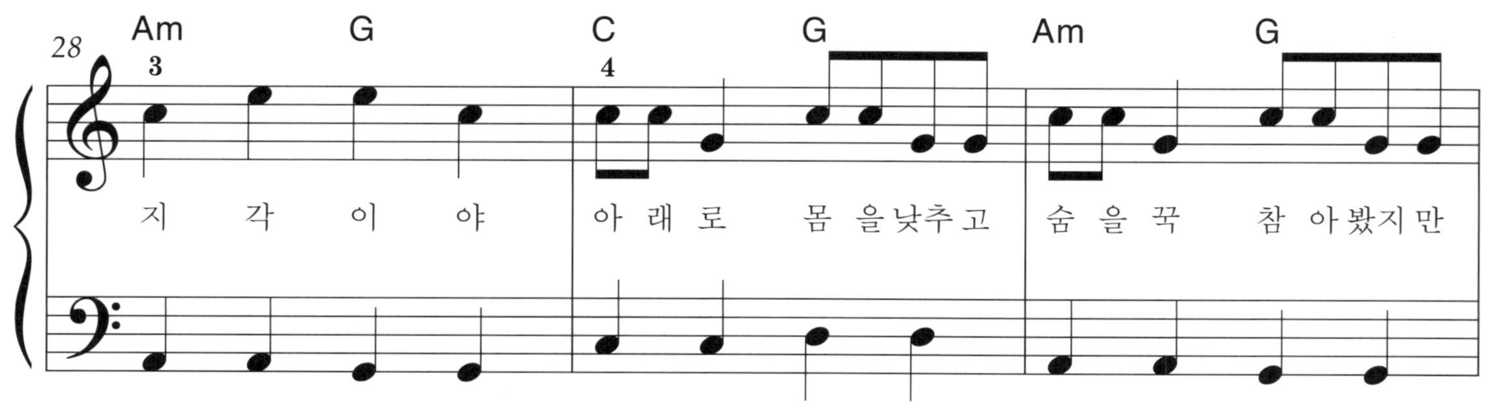

Am   G   C   G   Am   G
28
지 각 이 야 아 래 로 몸 을 낮 추 고 숨 을 꾹 참 아 봤 지 만

31
C   G   Am   G   F
아 이 쿠   들 켰 나 봐   내 맘 이

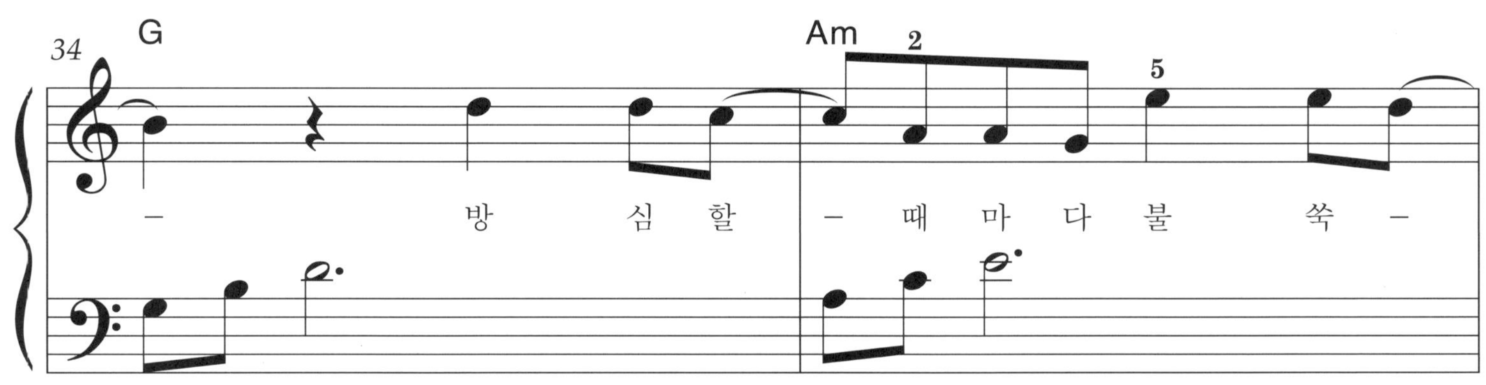

34
G   Am
－   방 심 할 － 때 마 다 불 쑥 －

36
C   F   G
－ 나 타 난 뒤 － 헤 엄 치 듯   멀 어 지 － 는 너

Dm   2.G   C
39
－   또   물 보 라 를 일 으 켜   －

WANNABE

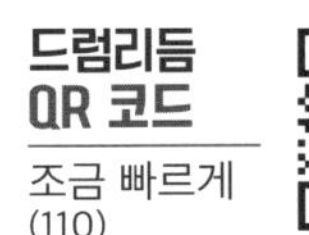

별들의 전쟁1 외 1명 **작사**
이지혜 외 3명 **작곡**
ITZY(있지) **노래**

E
Am
C
차 라 리 이 기 적 일 래 눈
치 보 느 라 착 한 척 상
처 받 는 것 보 다 백 번

F
E
Dm
나 아
I'm just on my way
간 섭 은 No No 해
말 해 버 릴 지 도 몰 라

E
F
G
너 나 잘 하 라 고
누 가 뭐 라 해 도 난 나 야 난 그 냥

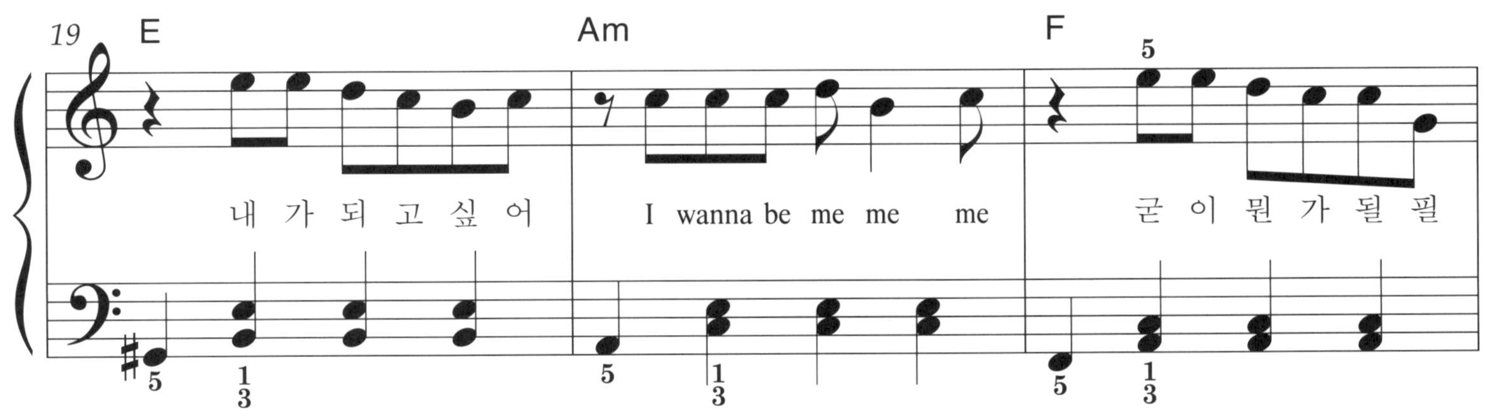

E
Am
F
내 가 되 고 싶 어
I wanna be me me me
굳 이 뭔 가 될 필

22 G E Am
3
요는없 어 난그 냥 나일때완벽하니 까 I wanna be me me me

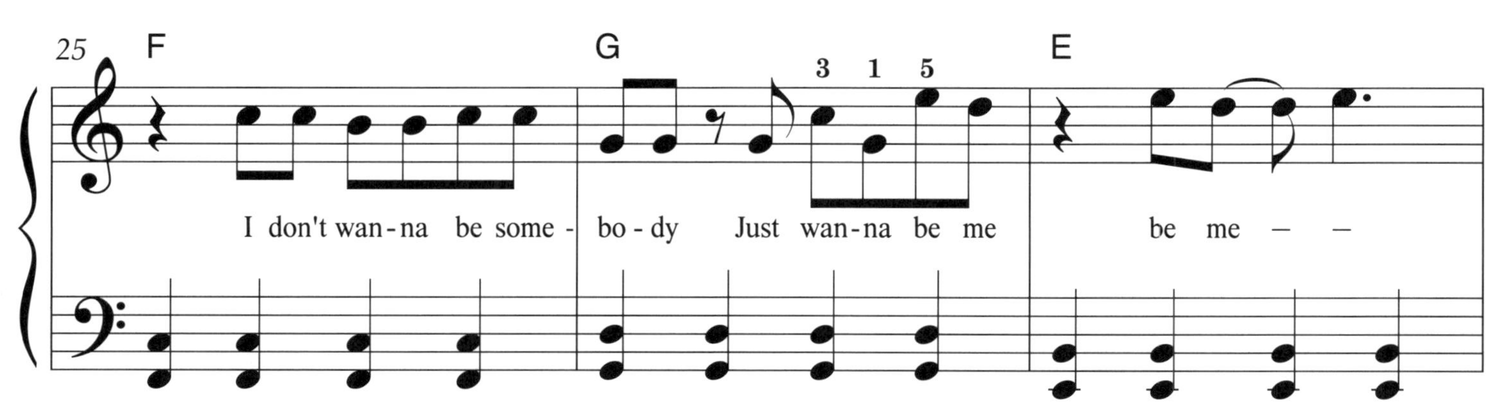

25 F G 3 1 5 E
I don't wan-na be some - bo-dy Just wan-na be me be me — —

28 Am 3 G F G
I wanna be me me me I don't wan-na be some - bo-dy Just wan-na be me

31 E Am 3 F 1 Am
be me — — I wanna be me me me

살짝 설렜어

—
Nonstop

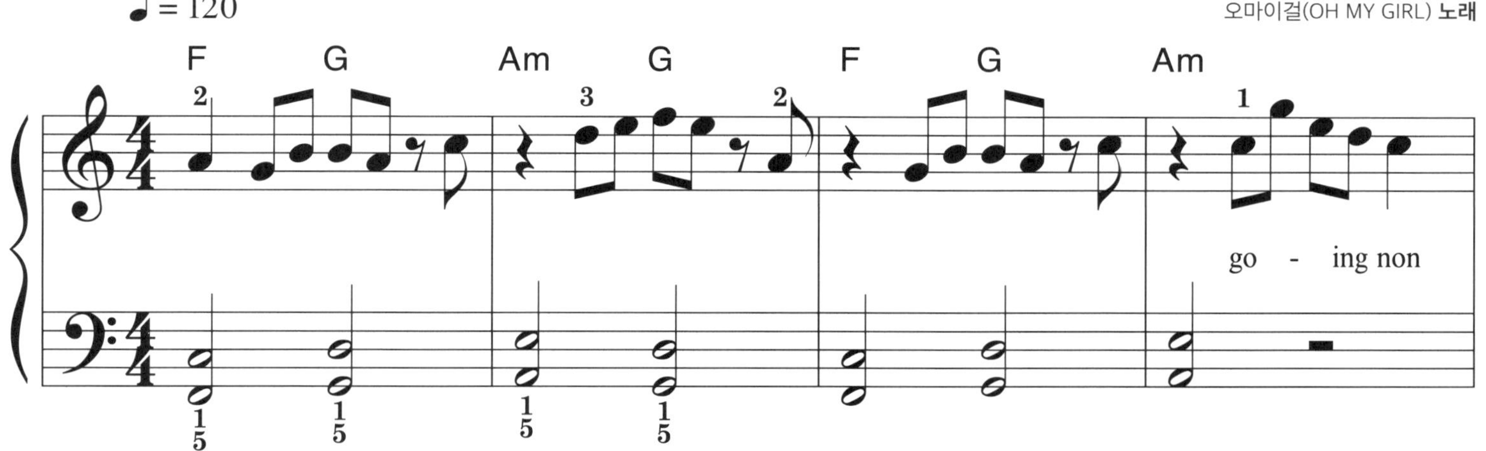

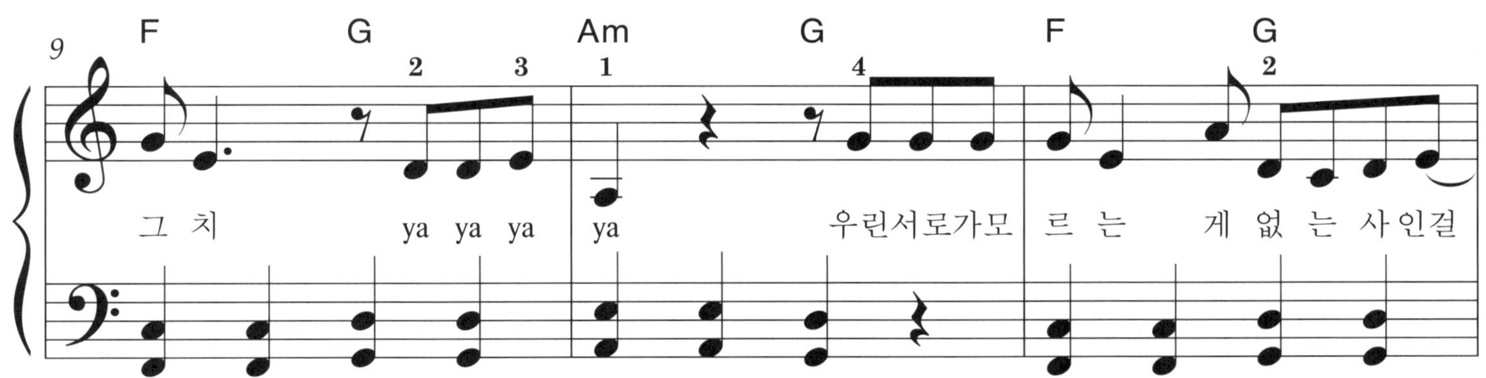

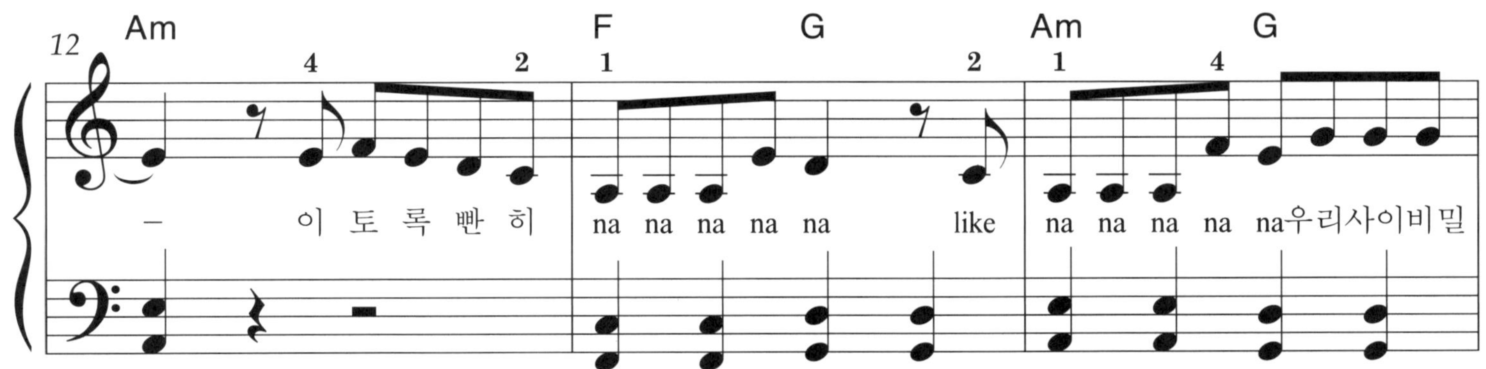

F G Am F G
따 - 위 있 을 리 없 는 걸 - 다 봤 지 우 린 hi hi weak bo - dy like them

Am G F G Am
burning and burn but 쉿 요 즘 오늘 또 내일 매일 다른 아 는 옷 이렇 게 달 라 보 인 다 고 hoo 흑

F G Am G F G
역 사 까 - 지 전 부 알 고 있 는 널 yeah 절대 그럴리는 없 어 난 never

Am Dm C
ever 그래야만 해 무 인 도 - 에 어 느 날 - - 떨 어 진 거 야

27 Am G Dm
둘 만 남 - 게 됐 다면 - 넌 어떨 것 같 아 생각 만 해도 무 섭 다
30 Em F G
얼굴 을 찌푸렸 지만 너 에 겐 애 기 못 해 절 대 로 -
33 (N.C.) F G Am
살 짝 설 렜 어 난 oh na na na - na na
36 F G Am F G
살 짝 설 렜 어 난 oh
39 Am F G Am
na na na - na na 그 럴 일 없 지만 살 짝 설 렜 어 난

Dynamite

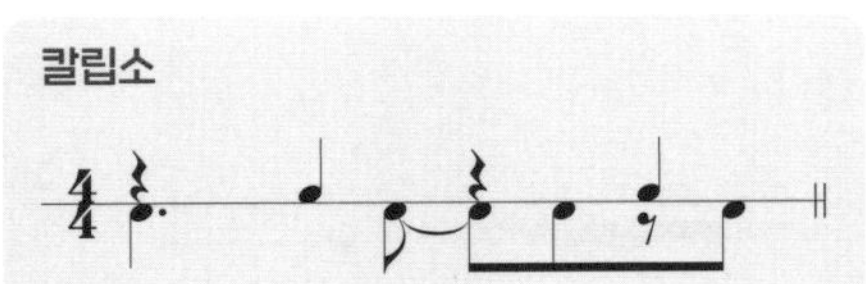

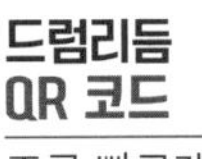

David Stewart 외 1명 **작사**
David Stewart 외 1명 **작곡**
방탄소년단(BTS) **노래**

♩ = 106

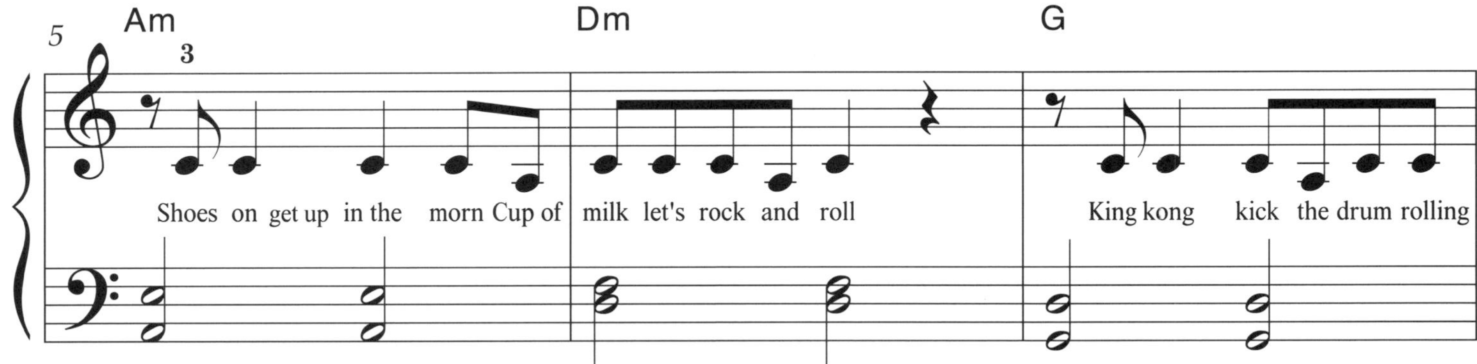

14 Dm   G   C   Am
bass boom I'm ready Life is sweet as ho-ney Yeah this beat cha ching like money Dis - co o - ver-load I'm

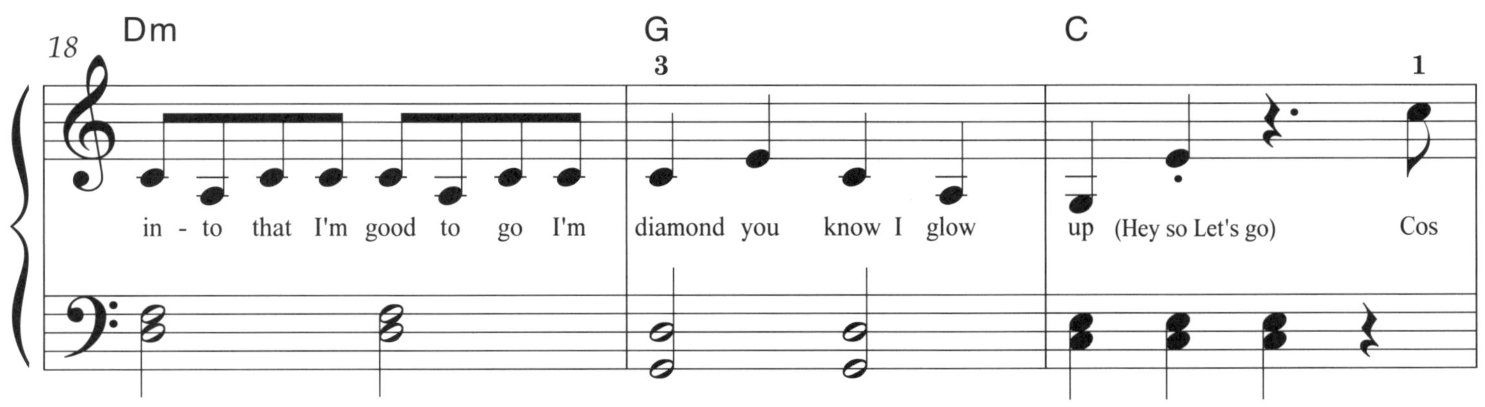

18 Dm   G   C
in - to that I'm good to go I'm diamond you know I glow up (Hey so Let's go) Cos

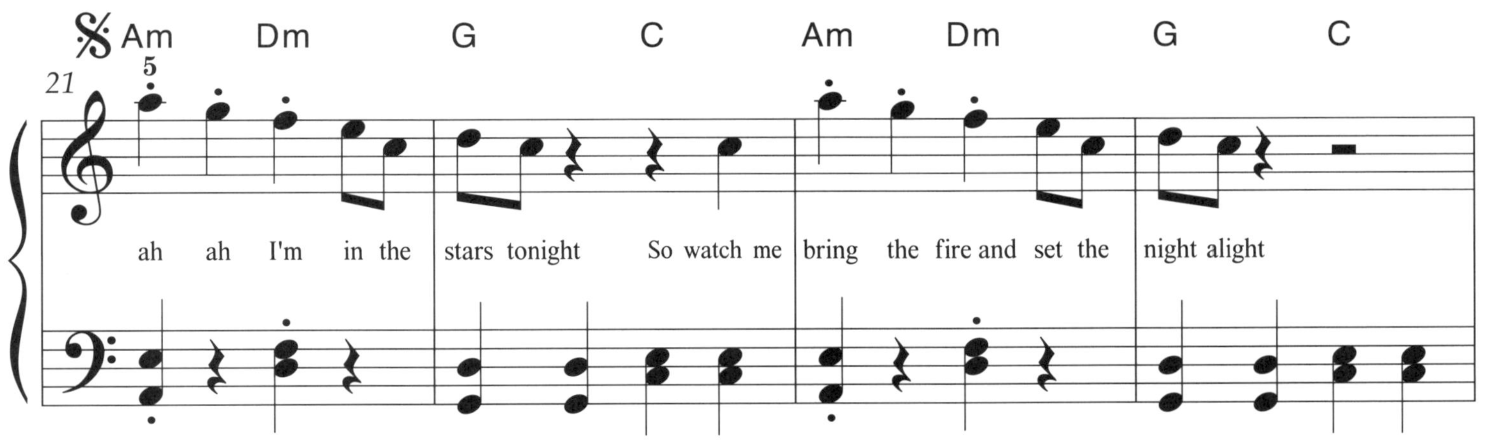

21 Am Dm   G   C   Am Dm   G   C
ah ah I'm in the stars tonight So watch me bring the fire and set the night alight

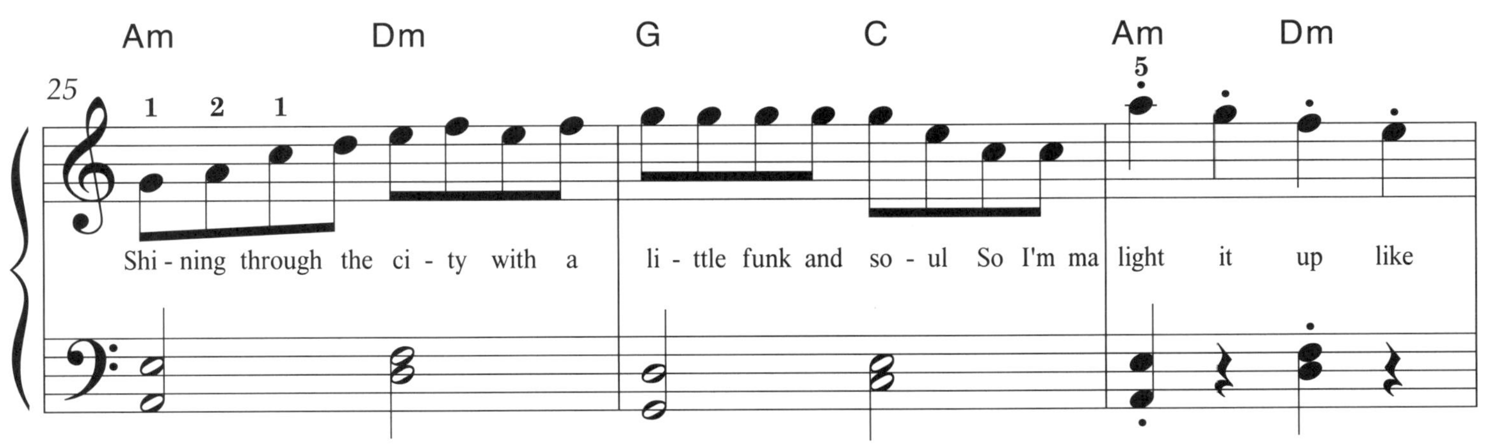

Am Dm   G   C   Am Dm
25
Shi - ning through the ci - ty with a li - ttle funk and so - ul So I'm ma light it up like

28
G   C   1. Am   Dm
dyna-mite   wo - ah —
Bring a friend   join   the crowd who - ever wanna come a - long
Fine

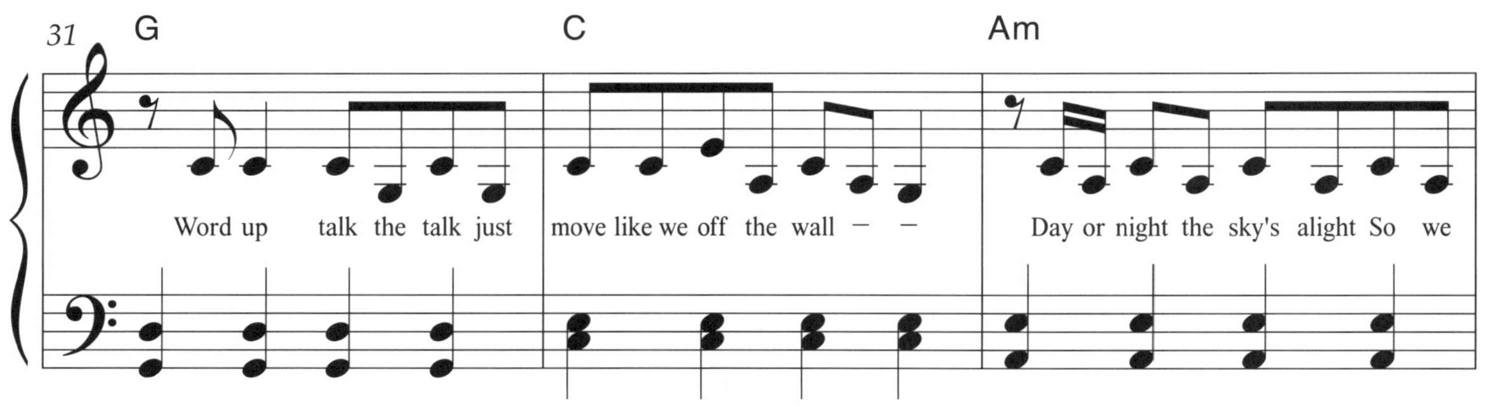
31
G   C   Am
Word up   talk the talk just   move like we off the wall — —   Day or night the sky's alight So we

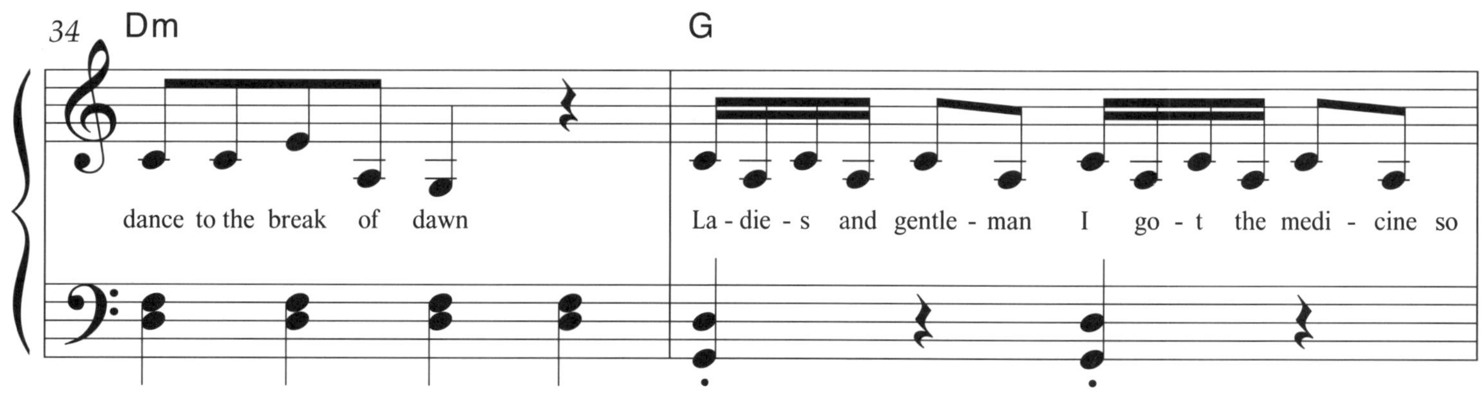
34
Dm   G
dance to the break   of   dawn   La - die - s   and gentle - man   I   go - t   the medi - cine so

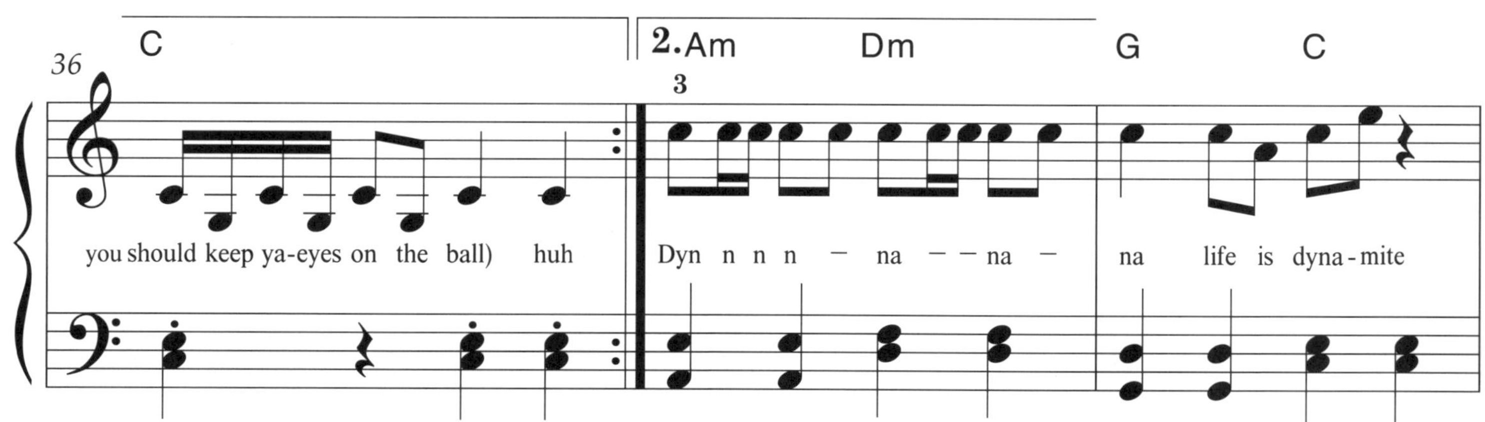
36
C   2. Am   Dm   G   C
you should keep ya-eyes on the ball)   huh   Dyn n n n — na — — na — na   life is dyna - mite

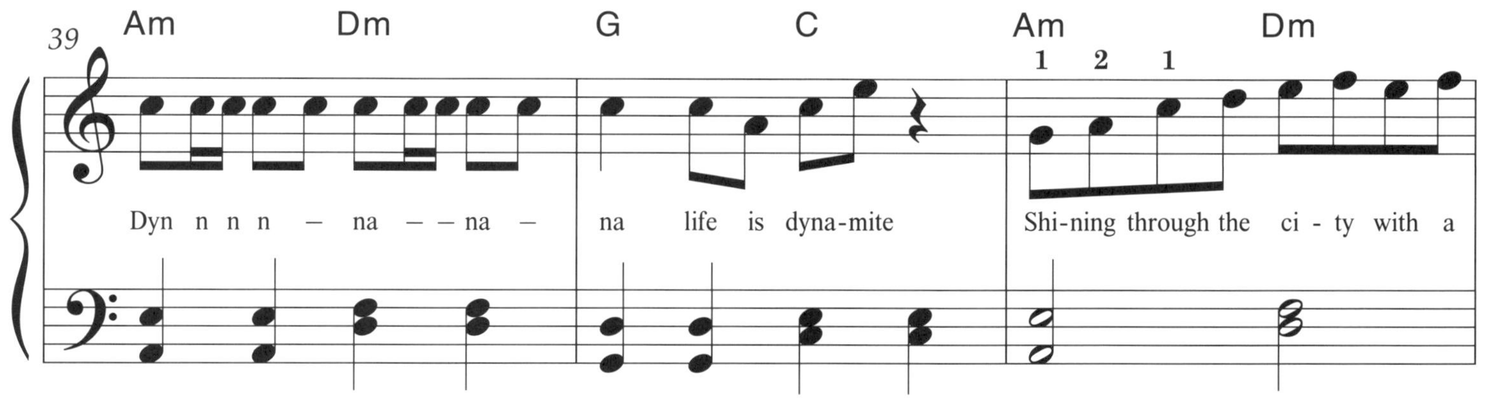

Am   Dm   G   C   Am   Dm
39
1 2 1
Dyn n n n — na — na — na   life is dyna-mite   Shi-ning through the ci - ty with a

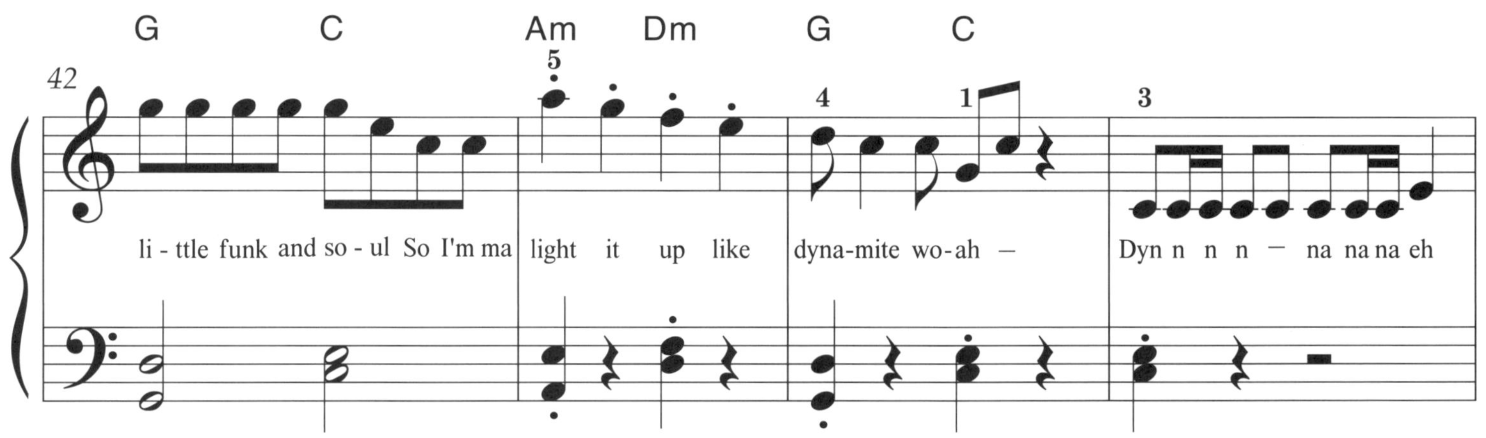

G   C   Am   Dm   G   C
42
5
4   1   3
li - ttle funk and so - ul So I'm ma   light it up like   dyna-mite wo-ah —   Dyn n n n — na na na eh

C   Am   Dm
46
1
5   3   3
Dyn n n n — na na na eh   Dyn n n n — na na na eh   Light it up like dyna-mite   Dyn n n n — na na na eh

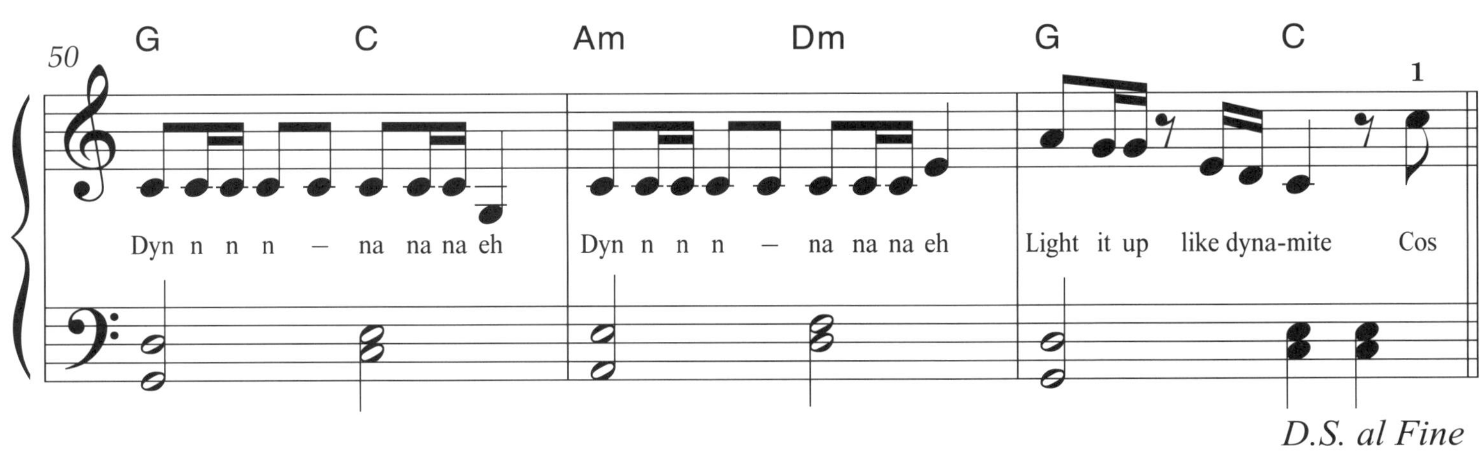

G   C   Am   Dm   G   C
50
1
Dyn n n n — na na na eh   Dyn n n n — na na na eh   Light it up   like dyna-mite   Cos
D.S. al Fine

합정역 5번 출구

유재석 외 1명 **작사**
박현우 **작곡**
유산슬(Yoo San Seul) **노래**

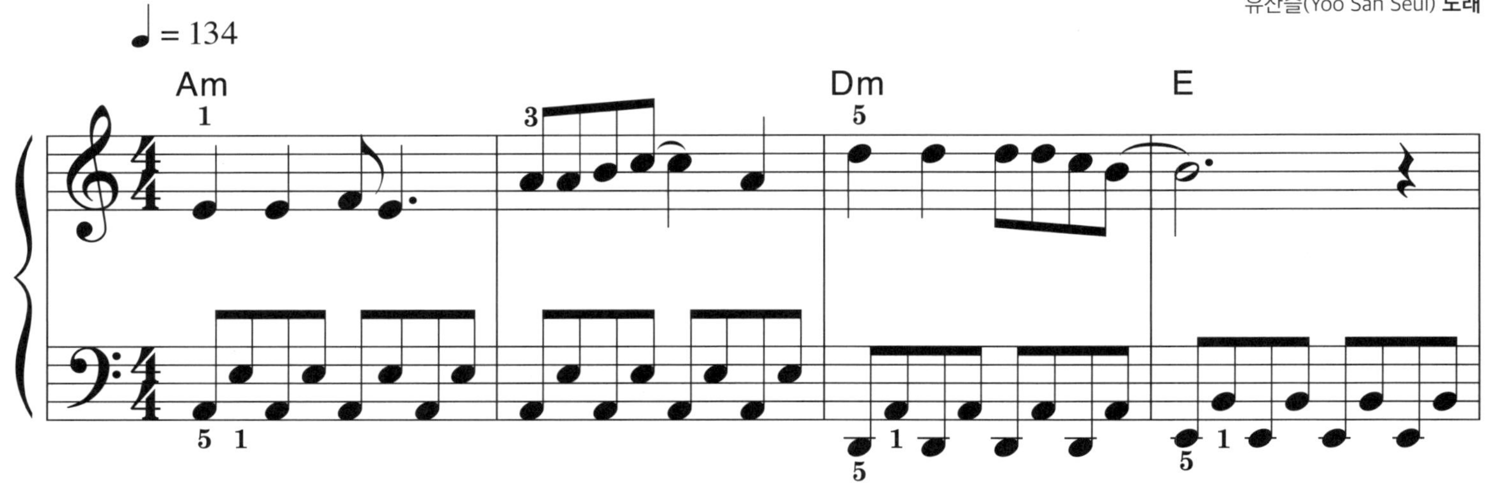

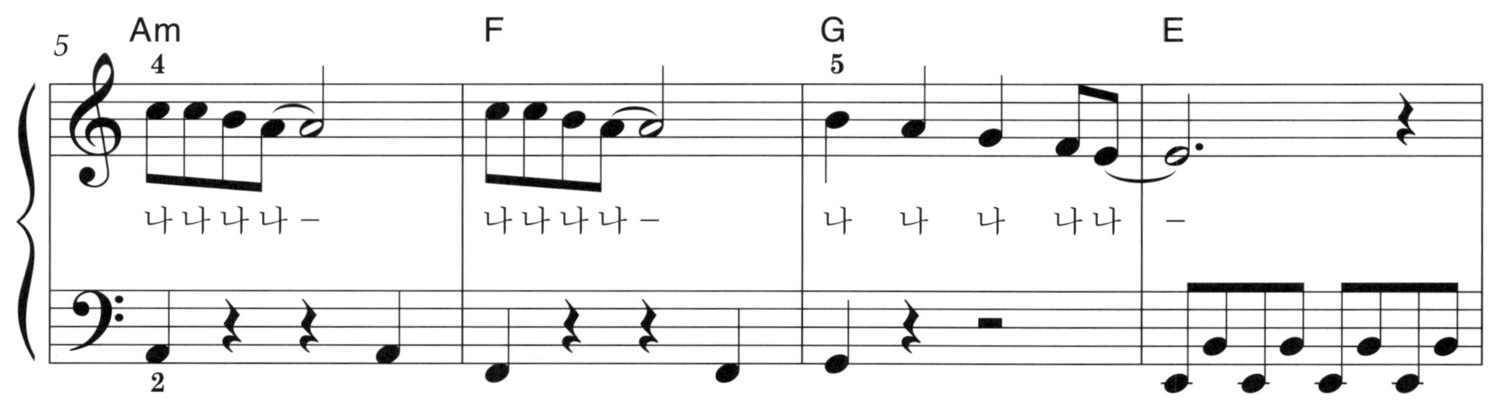

나 는 상수
정 이 많아
너 는 망원
정 이 넘쳐
한 정거장 전 에 내
합 정인줄 알 았 는

려
데
터벅터 — 벅
어쩌다 — 가
걷 고 있 는
그 역 에 서

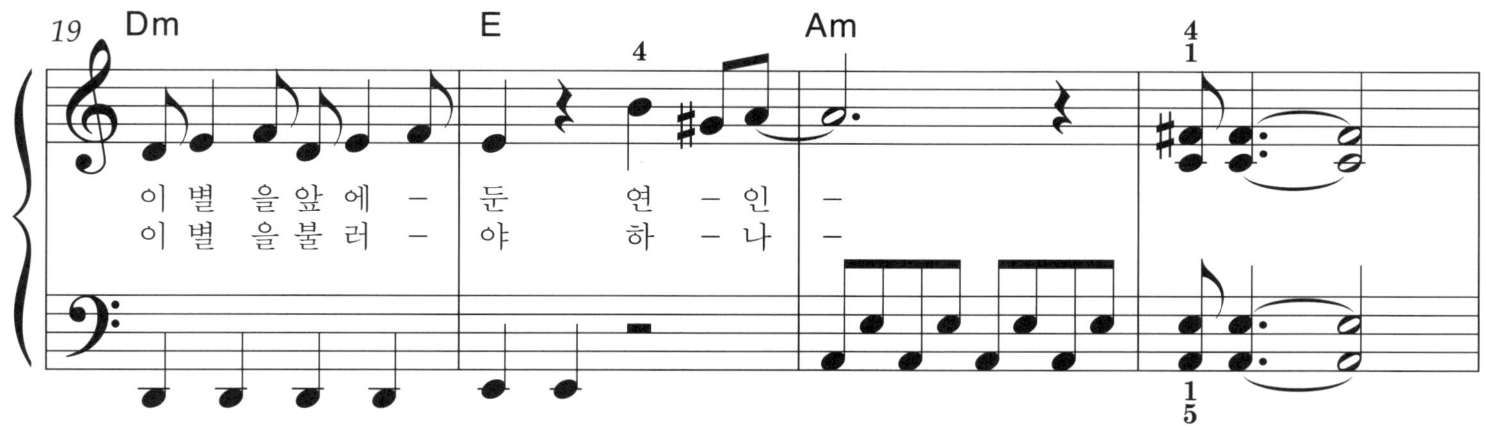

이별 을 앞에 — 둔
이별 을 불러 — 야
연 — 인 —
하 — 나 —

합 치 면 —
정 이 되는 —
합 — 정 인 데

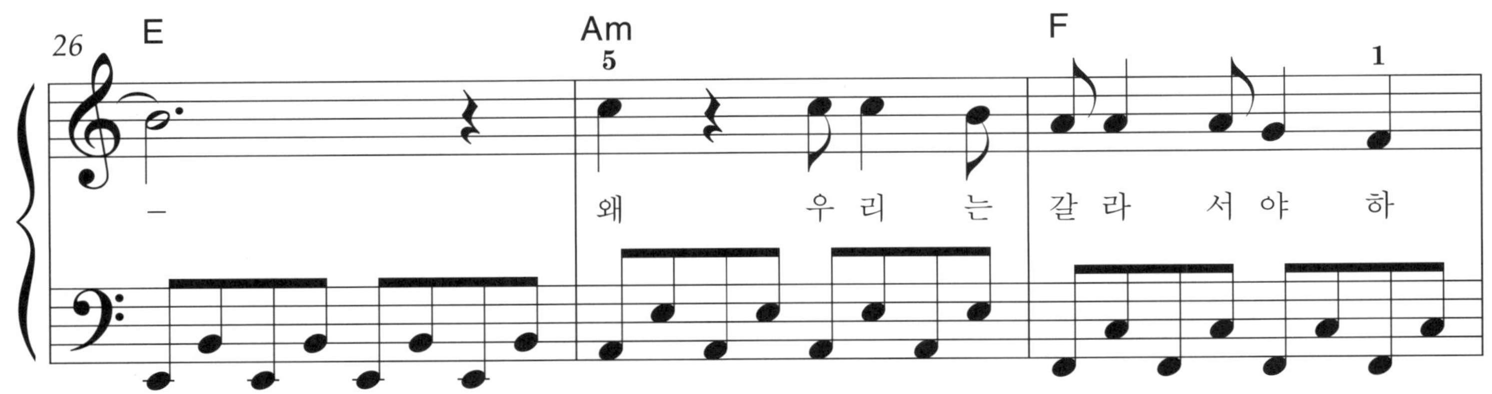
26
E
Am
F
5
1
왜   우리 는 갈라 서야 하

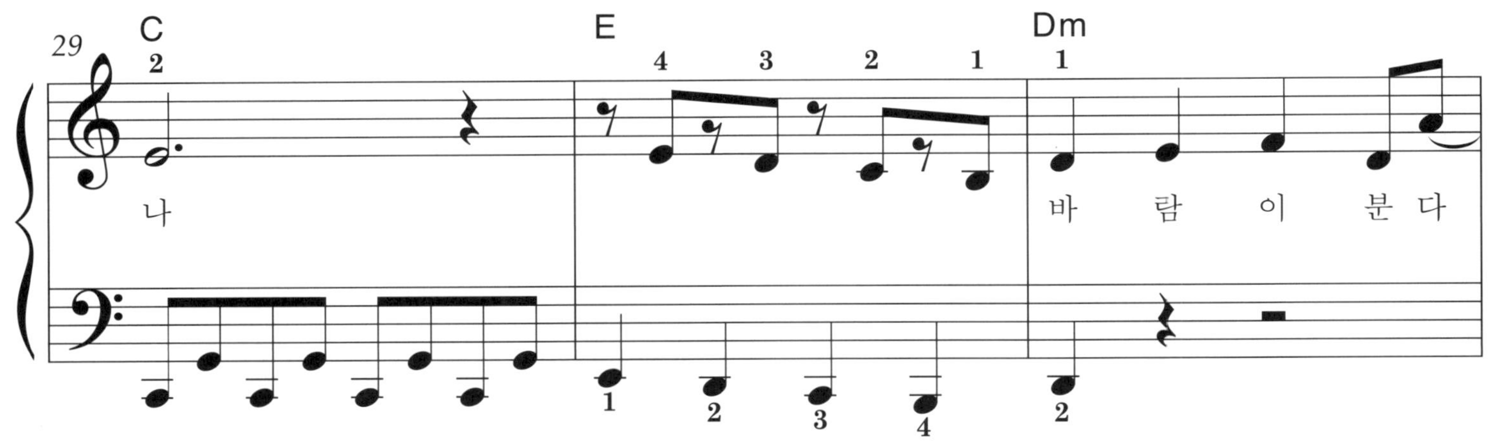
29
C
E
Dm
2
4 3 2 1
1
나
바 람 이 분다
1 2 3 4
2

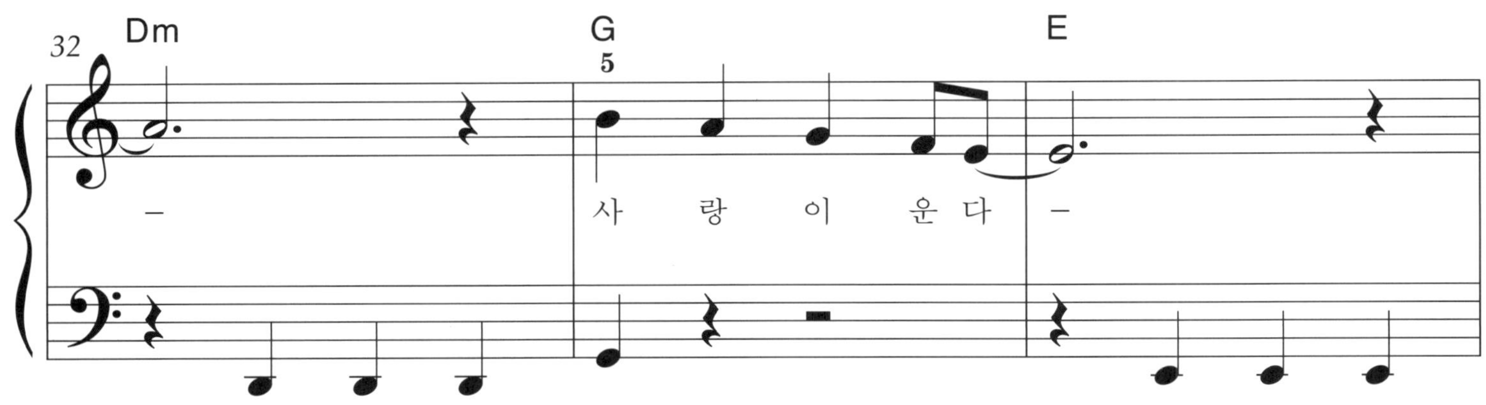
32
Dm
G
E
5
사 랑 이 운다 -

35
Am
E
Am
1
4
1
아   아 아   합정 역5번 출 구
1
5

사랑의 재개발

김이나 작사
조영수 작곡
유산슬(Yoo San Seul) 노래

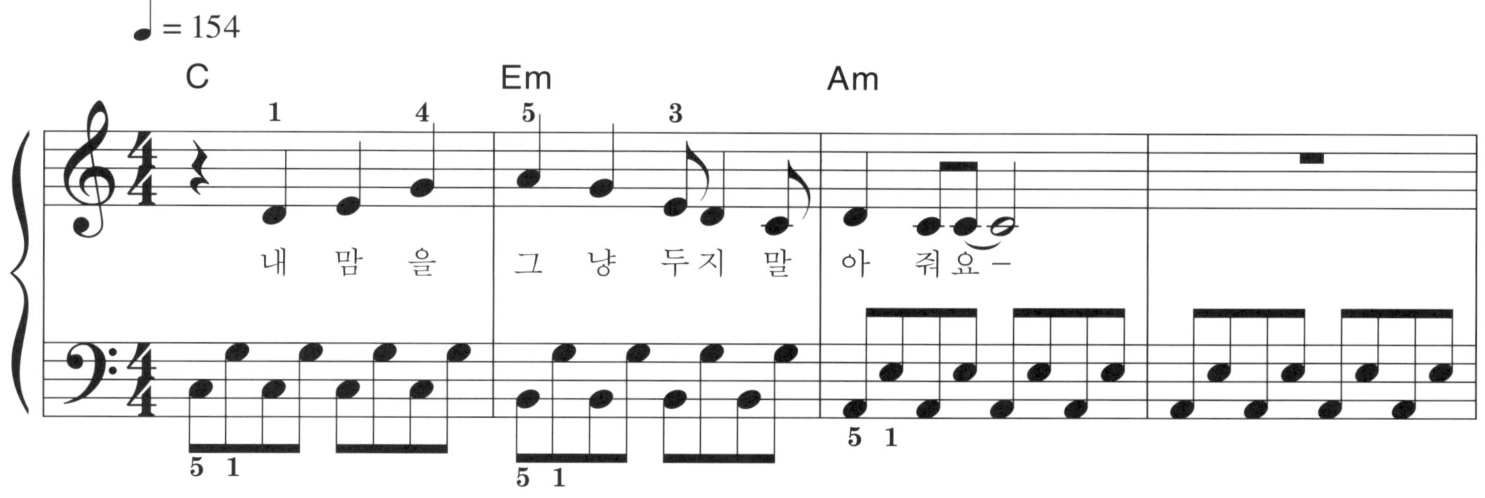

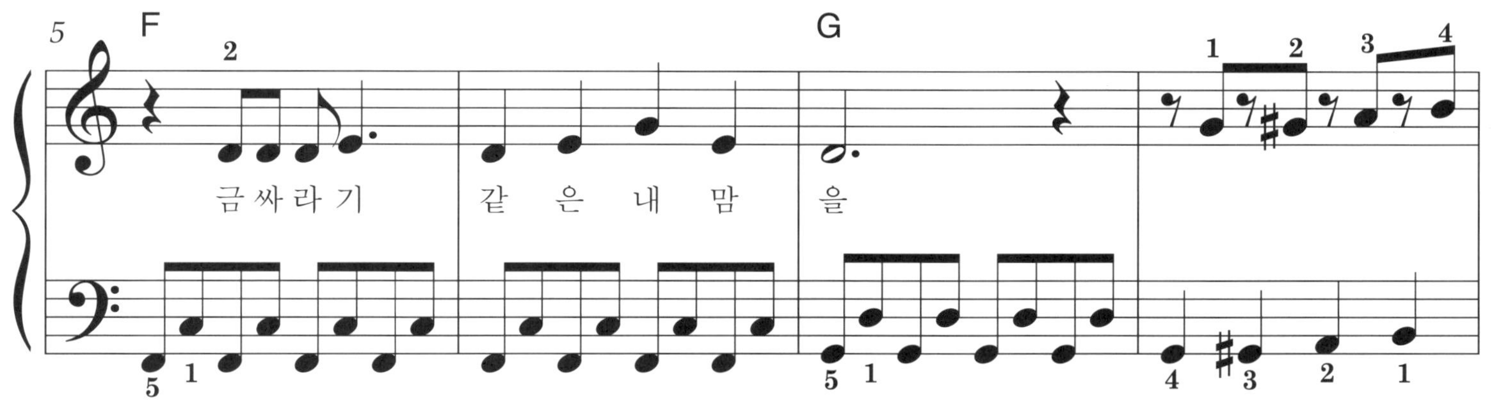

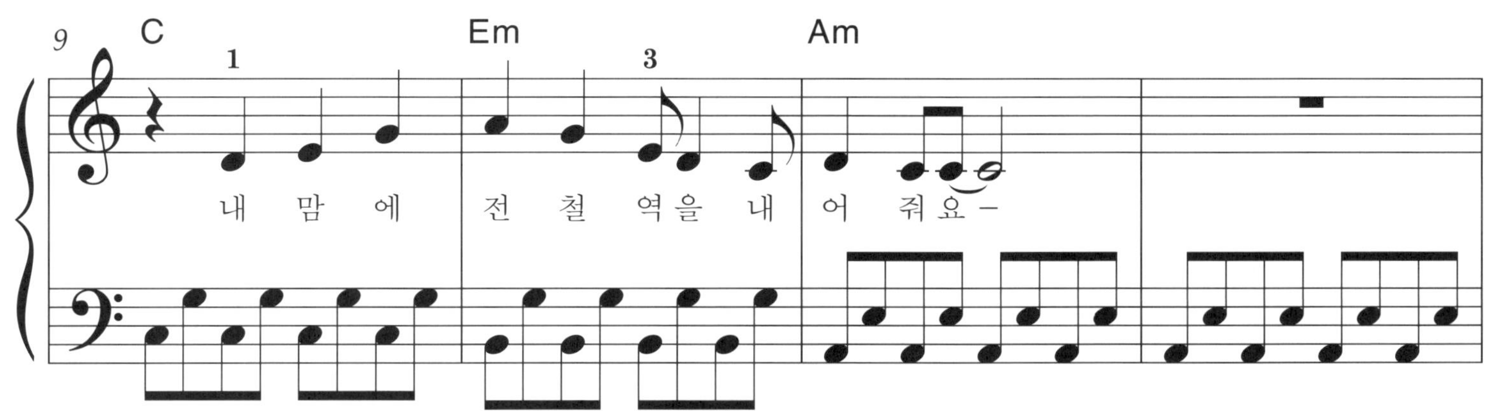

13
F
G
C
1   2
2
oh oh
5 1
그대만 이 내릴 수 있 는

17
Am
Em
3
1
2
그대맘 을 심 으 면뭐든 피 어나 -
5 3 1
5 3 1

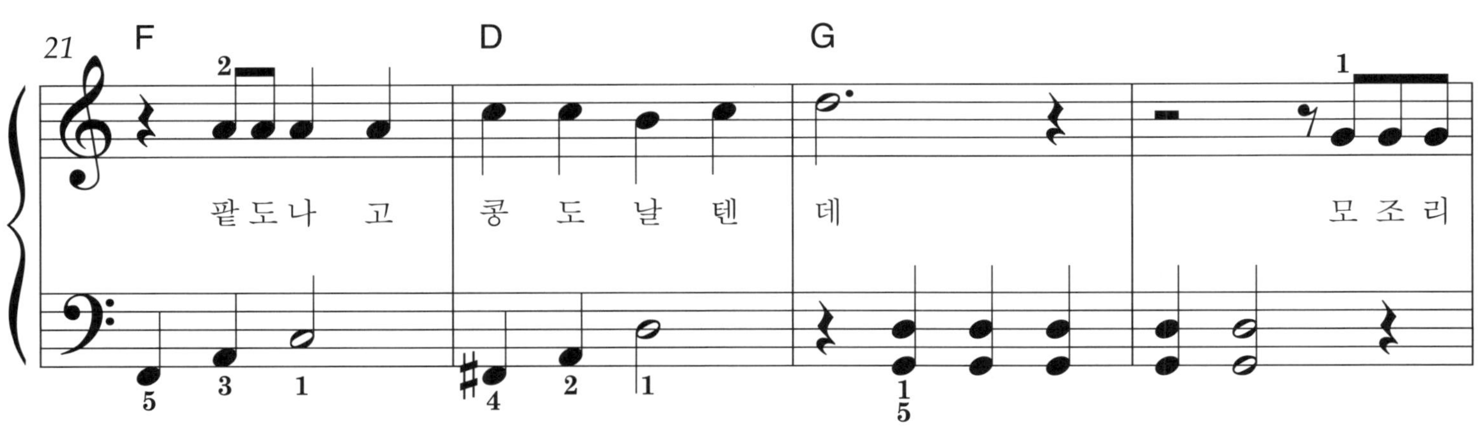

21
F
D
G
1
2
모 조 리
팥도나 고 콩 도 날 텐 데
5 3 1
4 2 1
1
5

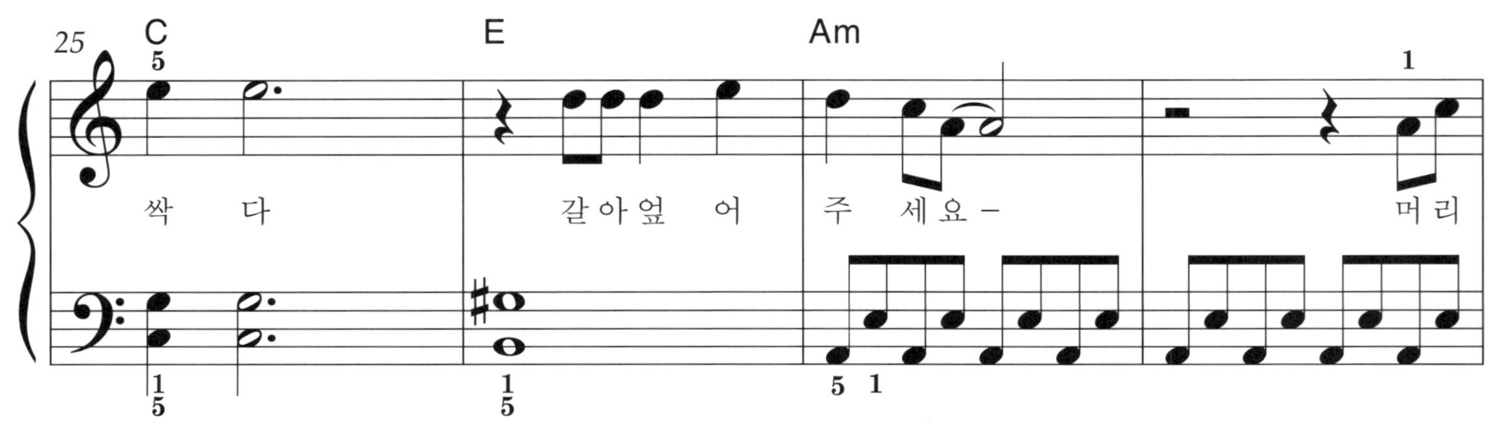

25
C
E
Am
5
1
싹 다 갈아엎 어 주 세요 - 머 리
1
5
1
5
5 1

Dm
G
1
부 터 발끝까지 － 모조리 싹 다
4

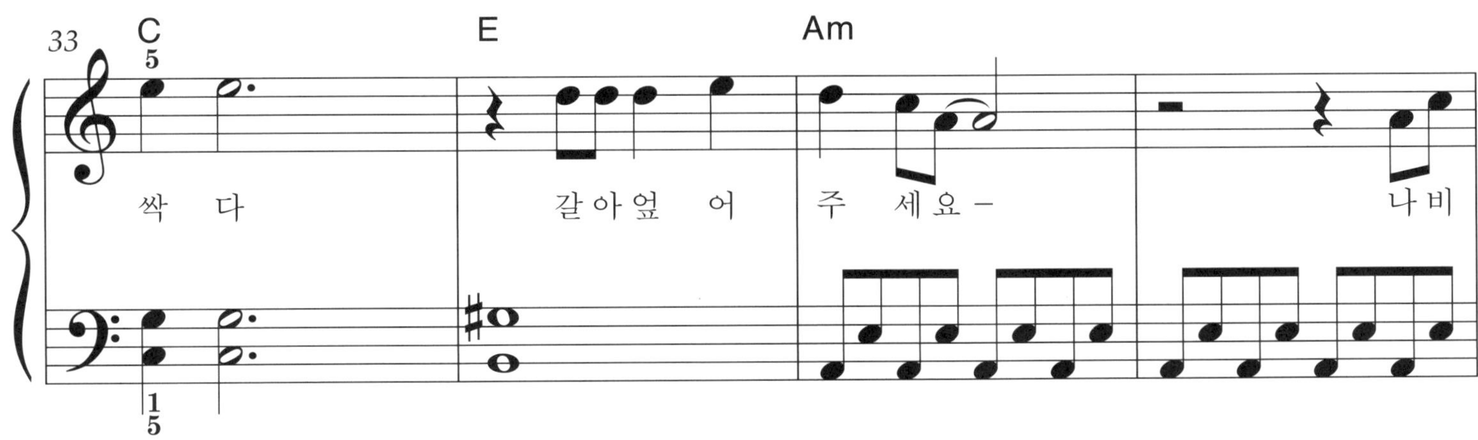

C
E
Am
5
싹 다 갈아엎어 주세요 － 나비
1
5

Dm
G
하 나 날지않던 － 나 의 가 슴 에

G
C
G
C
1
4
3
재개발 해 주 세 요 사 랑의재 개 발

자나깨나

(Feat. 조이 of Red Velvet)

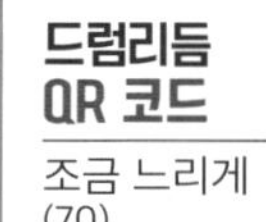

크러쉬 **작사**
크러쉬 **작곡**
크러쉬(CRUSH) **노래**

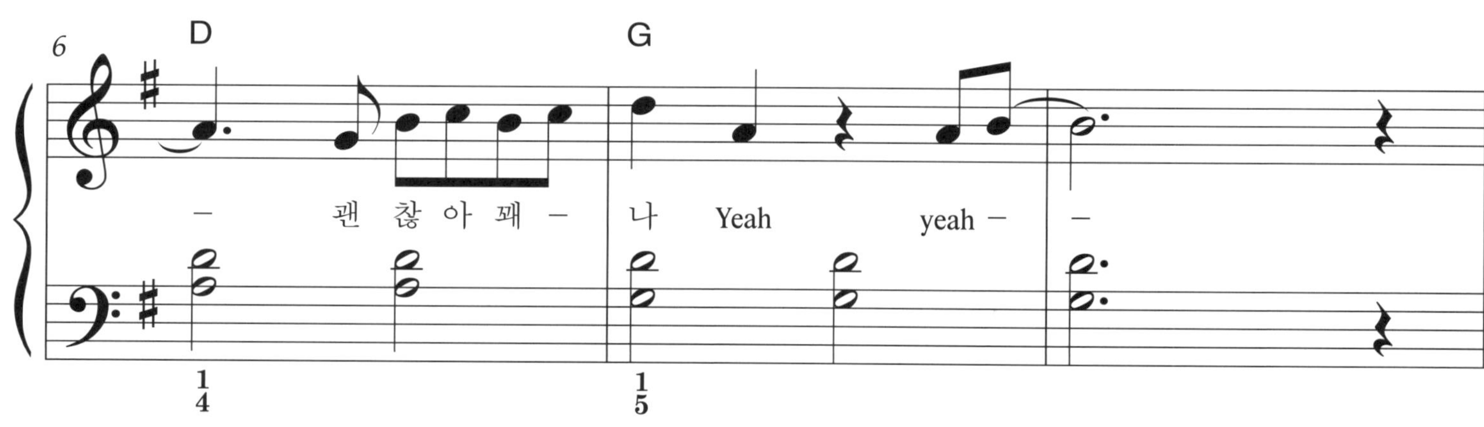

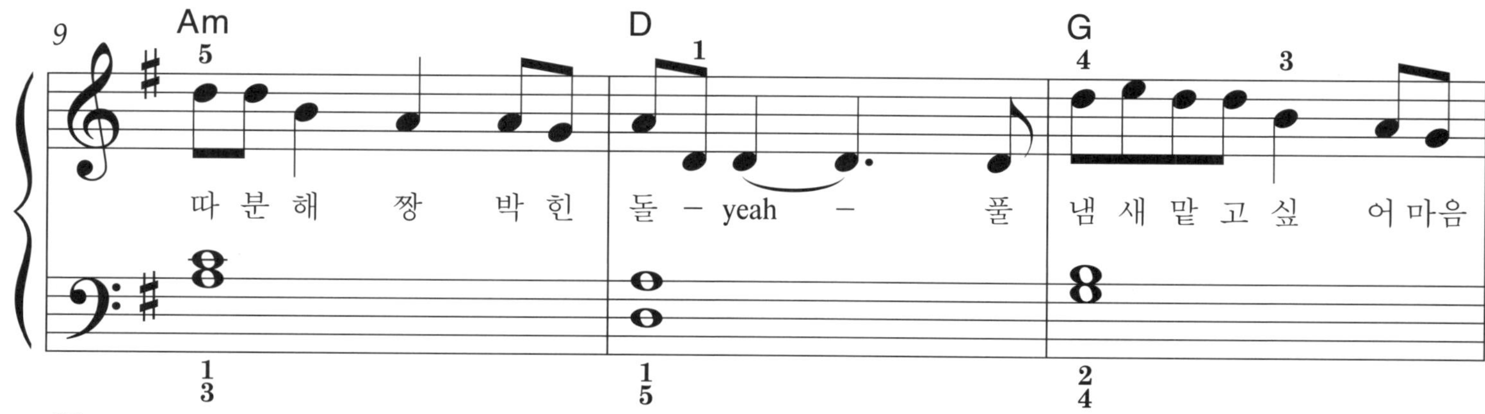

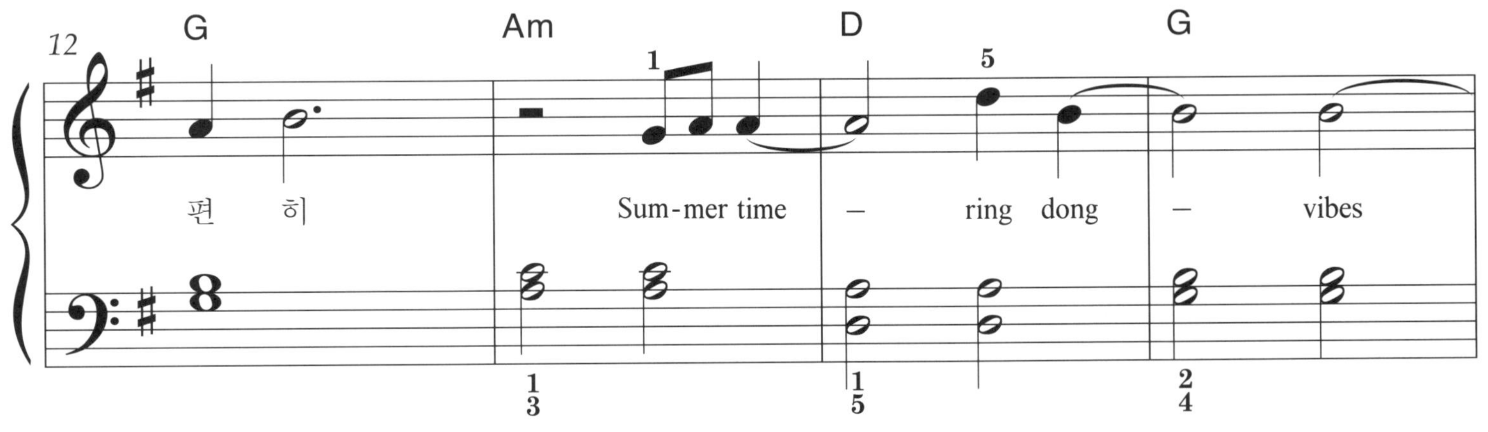
G   Am   D   G
편 히   Sum-mer time — ring dong — vibes

G   Am   D   G
—   자극이필요해 U-no dos tres 답 답해모든게

G   Am   D   G
You know the stress 먹고 자고사는게 별 볼일없네 소 파위에덩그러니

G   Am   D   G
You know the stress 왜 이래 하루종일한 것도없이또피곤해 —yeah 맘껏쉬는게

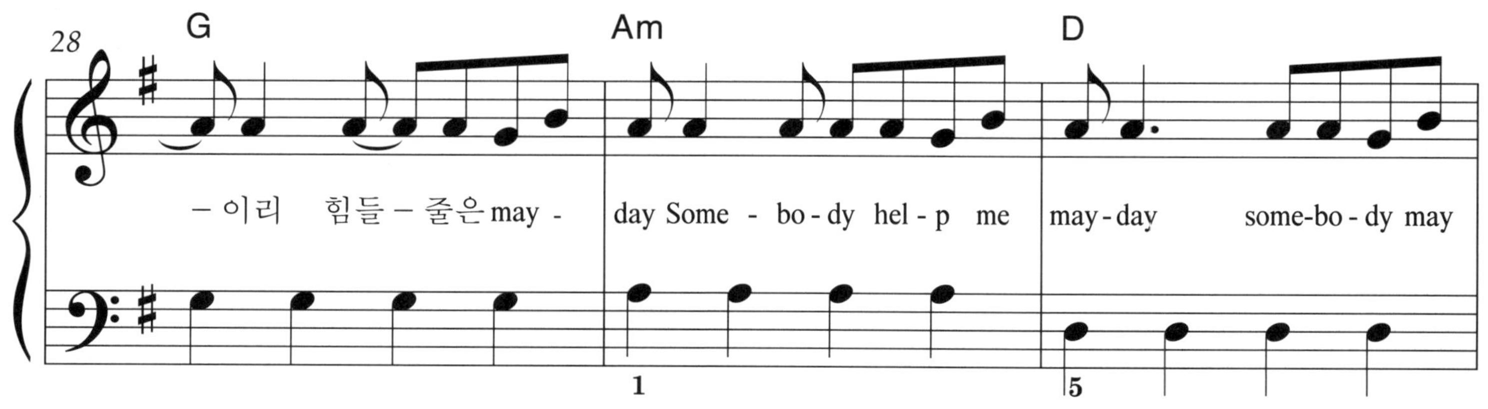
28
G
Am
D
－이리 힘들－줄은may － day Some － bo-dy hel-p me may-day some-bo-dy may
1
5

31
G
Am
－day may-day may － day may-day 자 나 깨 － 나 Yeah yeah yeah －
2
2
2
4

34
D
G
생 각 에 잠 겨 맨 － 날 Yeah yeah yeah － 생 각 해 자 나 깨 －
2
1
4
1
5

37
Am
D
G
나 Yeah yeah － － 괜 찮 아 꽤 － 나 Yeah yeah － －
1

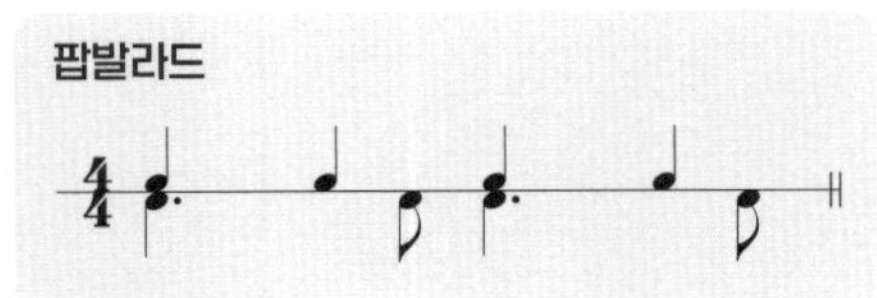

좋은 사람 있으면 소개시켜줘

슬기로운 의사생활 OST Part 2

김희탐 **작사**
정재형 **작곡**
조이(Joy) **노래**

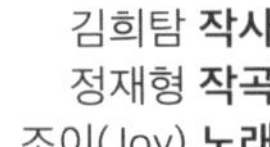

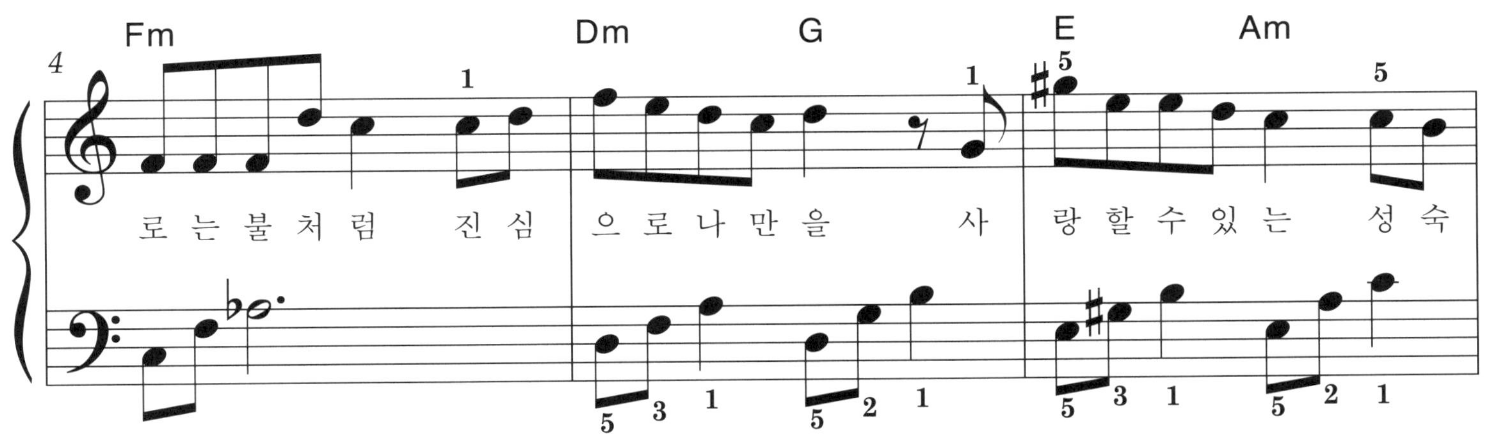

Fm
C
Fm
소 개 시 켜 줘
사 랑 에 도 연 습 은
있 는 거 기 에 아 주

Dm
G
E
Am
Dm
F
조 그 만 일 에 도 신
경 을 써 주 는 사 랑
경 험 이 많 은 사 람

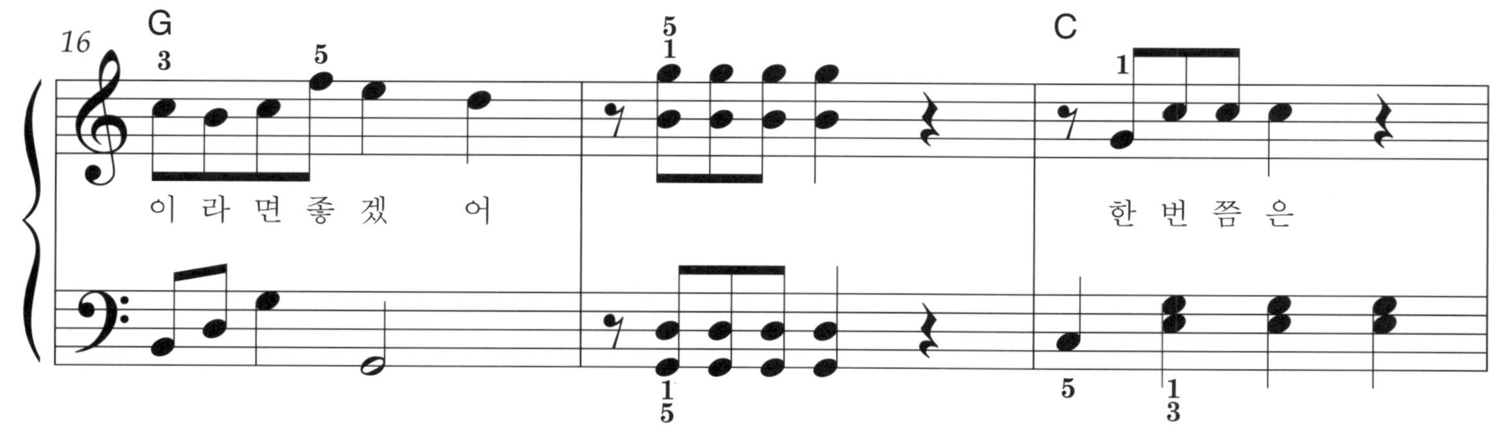

G
C
이 라 면 좋 겠 어
한 번 쯤 은

실 연 에 울 었 었 던 눈 이 고 운 — 사 람 품 에 안 겨 서 — 뜨 겁

게 위 로 받 — 고 싶 어 혼 자 임 에 지 쳤 던 내 모 든 걸

손 이 고 운 — 사 람 에 게 맡 긴 채 — 외 로

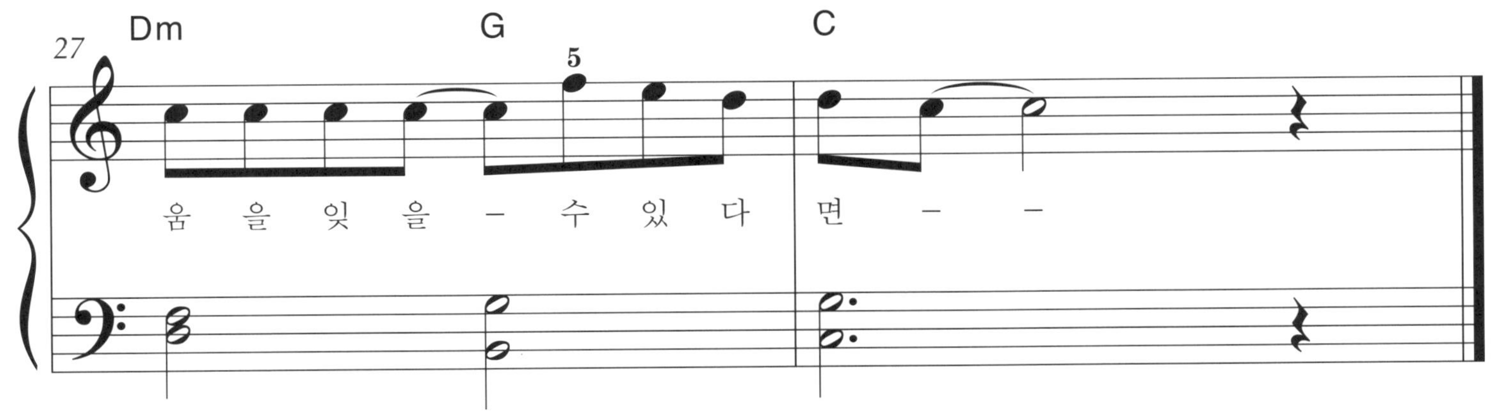

움 을 잊 을 — 수 있 다 면 — —

Square (2017)

백예린 작사
백예린 외 1명 작곡
백예린(Ye Rin Baek) 노래

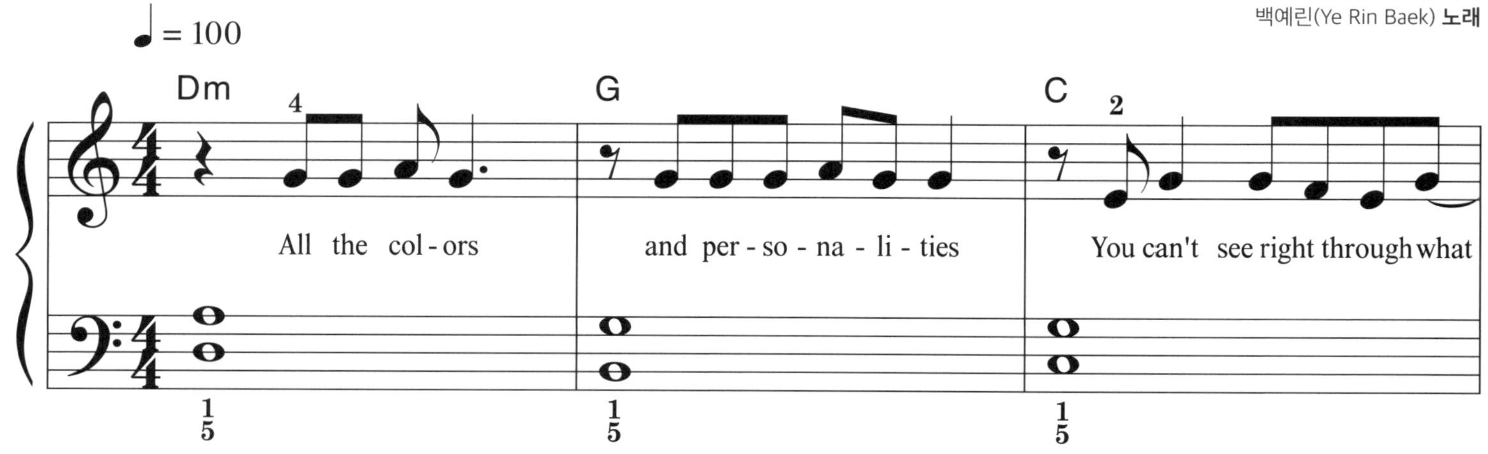

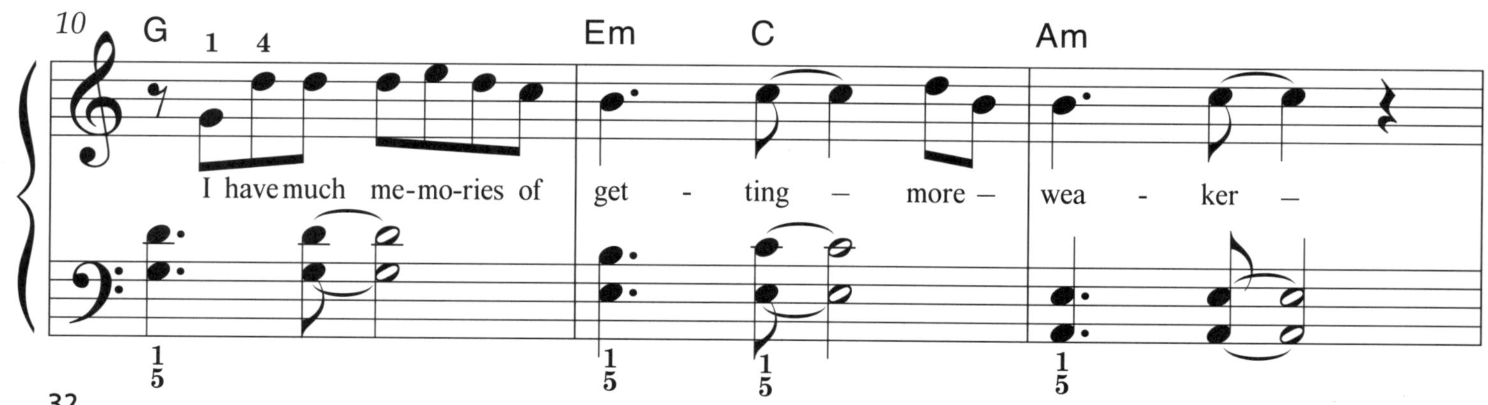

13 Dm F C
I know I'm not love-a - bl - e — But you know what you'd have to say Come on let's go to bed

16 C F
We gon-na rock the night a-way Who did that to you babe If you're not in the right —

19 Dm F C
mood to — sl - eep now then — Come on let's drink and have —

22 C F
ve - ry un-ma-nage - able day Would you want me in bae If you're not in the right —

25 Dm F C
mood to — sl-eep now then — Come take my arms and go I'll be yours for sure

나비와 고양이

(Feat. 백현 (BAEKHYUN))

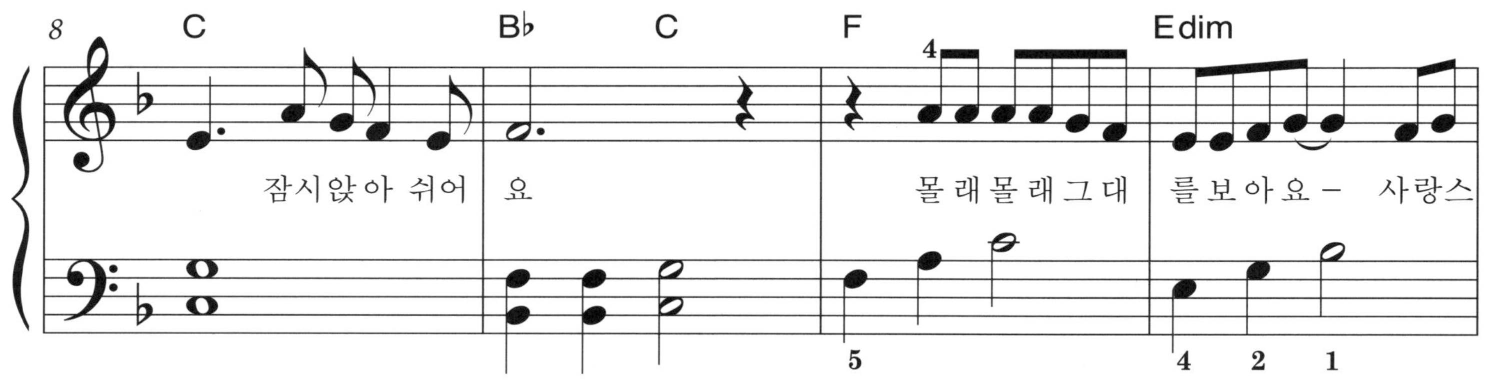

손을 뻗어요 보랏빛 날개 그대 는 달 아 요
내 맘 이 그 런 것 처 럼 – 그 대 맘 이 그 런 것
처 럼 yeah – 나 를 보 면 숨 어 요 어 디 든 자 유 롭 게 날 아 요 이
날 씨 도 그 댈 위 한 거 예 요 난 너 를 찾 아 요 그 러 면 그 댄 어
디 든 있 어 요 내 손 위 에 머 물 러 잠 시 앉 아 쉬 어 요

FIESTA

서지음 외 3명 **작사**
김승수 외 1명 **작곡**
IZ*ONE(아이즈원) **노래**

E   Am
같아   이젠 아 득   했던 꿈들이 멀지 가 않 아 오 직 나를위한

F   E   Am
Woo   축 제를 열어볼 거야   좋을 때란 거   그 것 역 – 시 내

A   Dm   E   Am
가 정 해 색색의   꽃을 피우고 꽃가루   가흩날리면축제 는

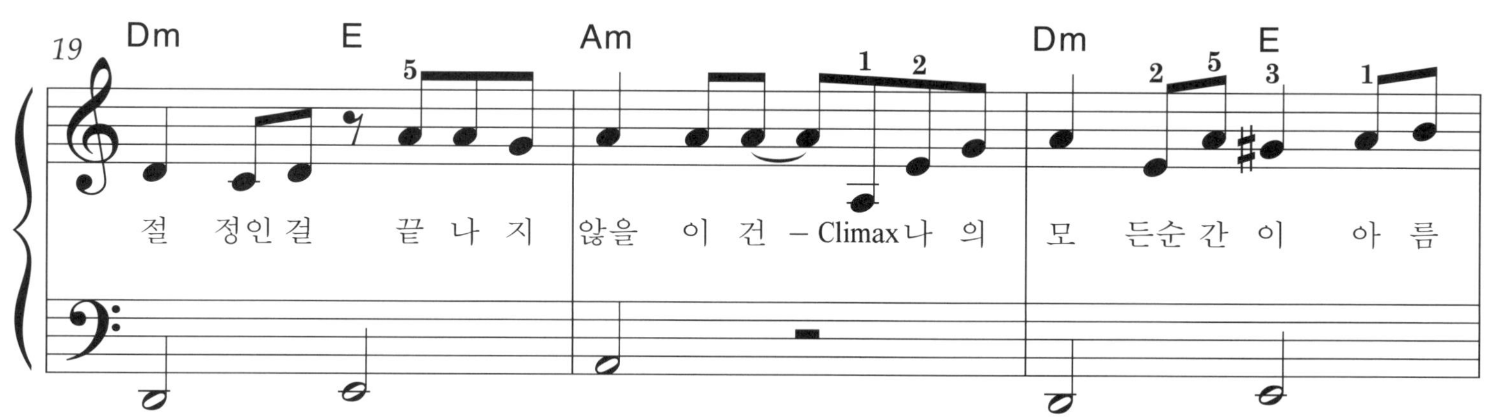

Dm   E   Am   Dm   E
절 정인걸   끝나지 않을 이 건 – Climax나 의   모 든순간 이 아 름

Am   D   Dm   E
22
답 고 눈 부 셔   이 거 하 나 만   기 억 해 - - 지

(N.C.)   F   E   Am   G
25
금 이 라 (고) Fi - es - ta   내 맘 에 태 양   을 꾹 삼 킨 채 영 원 토

F   E   Am   A   F   E
28
록 뜨 겁 게 지 지   않 을 게 이 모 든 계 절   나 의 모 든 계 절 매 일

Am   G   F   E   (N.C.)
31
화 려 한 이 축 제 한   번 쯤 은 꼭 놀 러 와   It's my fi - es - ta

LION

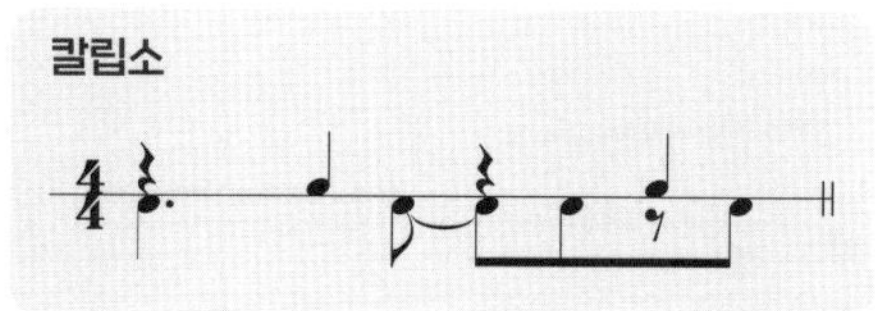
칼립소

드럼리듬
QR 코드
조금 빠르게
(110)

소연 작사
소연 외 1명 작곡
여자아이들((G)I-DLE)) 노래

♩ = 110
Am
G
F
Ooh ― ― I'm a li - on I'm a queen 아 무 도

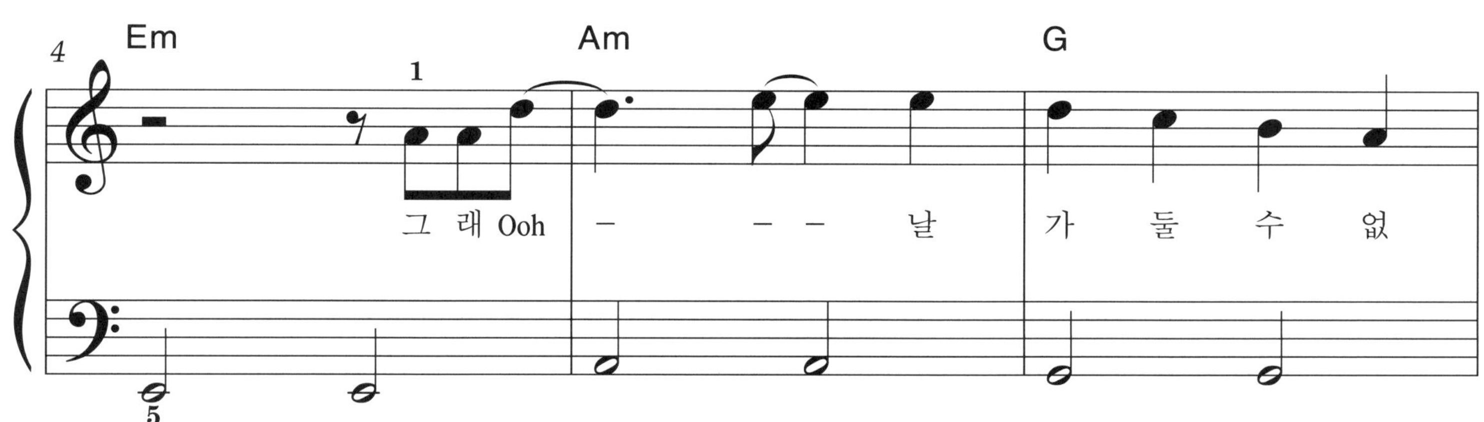
Em
Am
G
그 래 Ooh ― ― ― 날 가 둘 수 없

F
Am
어 아 픔 도 붉 은 태 양 아 래 Fire ― 파 랗 게 타 는

G
F
Em
Flower 미지근한너의애를태우게 살짝드러내는

Am
G
F
Sharp claw 달아오르는 상처발자국은내 왕관을맴돌게

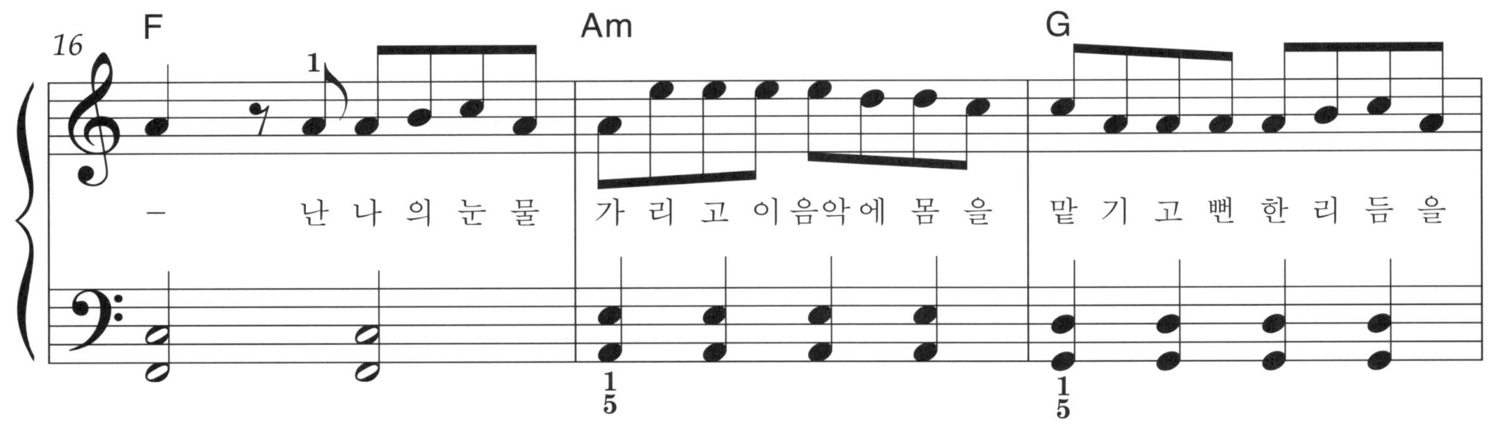

F
Am
G
난나의눈물가리고이음악에몸을 맡기고뻔한리듬을

F
G
Am
망치고사자의춤을 바치고넌나의눈물 살피고이음악에몸이

22
G
F
G
말 리 고 뜨거운리 듬 에
갇 히 고 사 자 에 춤 을
바 치 고 빠 — 빠 빠

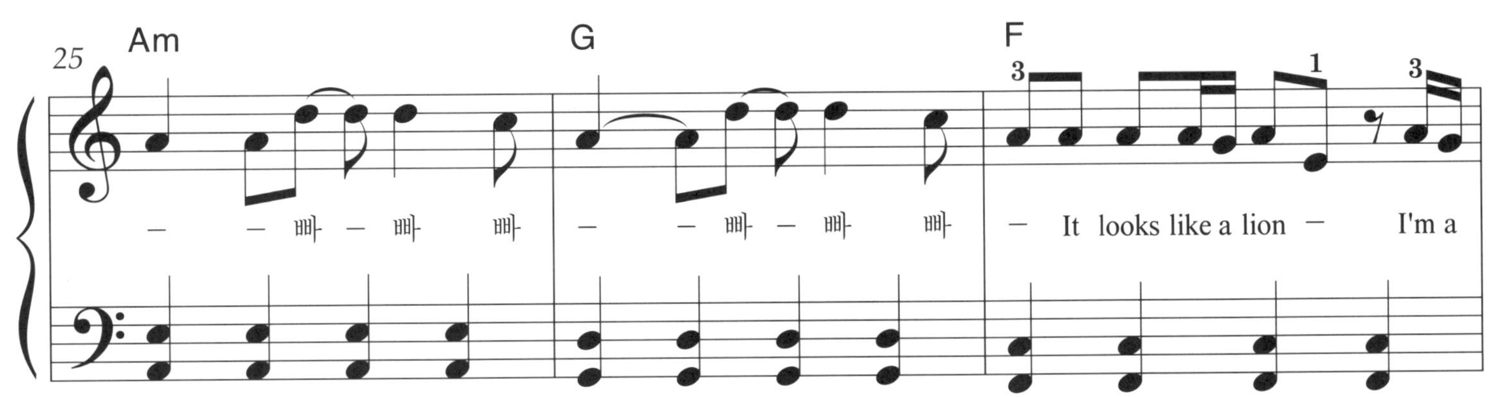
25
Am
G
F
— — 빠 — 빠 빠
— — 빠 — 빠 빠
— It looks like a lion — I'm a

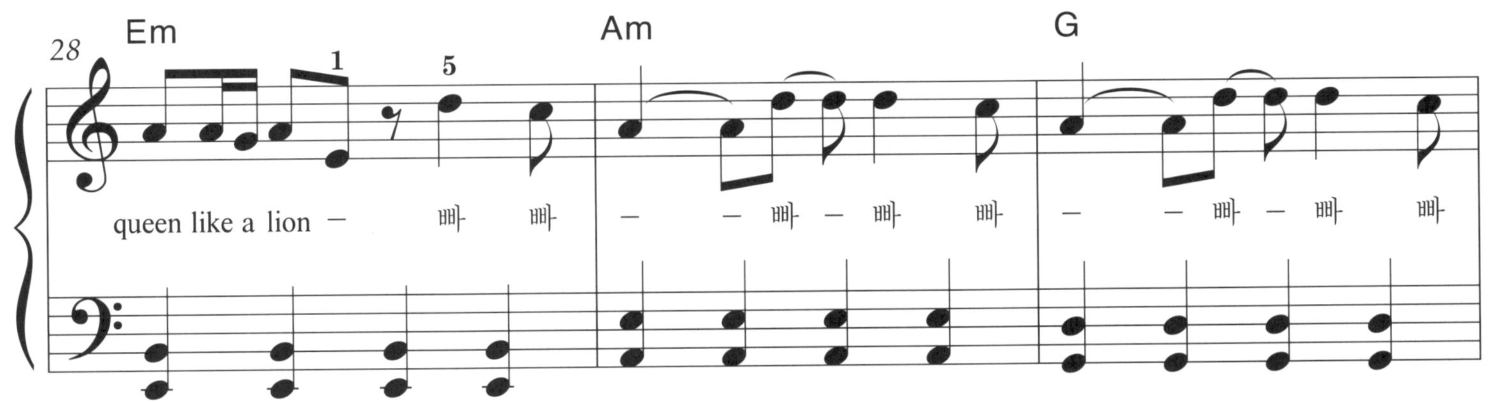
28
Em
Am
G
queen like a lion — 빠 빠
— — 빠 — 빠 빠
— — 빠 — 빠 빠

31
F
Em
— It looks like a lion — I'm a queen like a lion — Eh oh

이루리

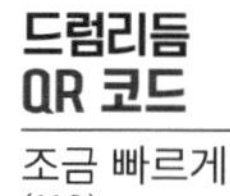

비오 외 3명 **작사**
비오 외 2명 **작곡**
우주소녀(WJSN) **노래**

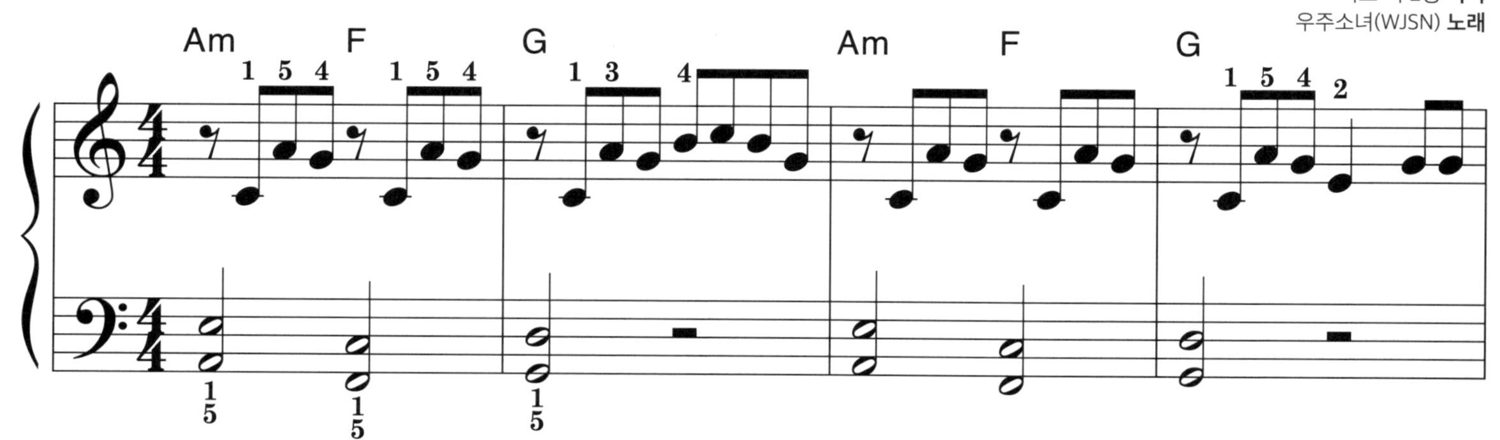

Am   G   F   Am   G
이제좋은일들만   이렇게   네가바라는대로느낌이오는대   로 전부 들어줄게When-ever What-ever

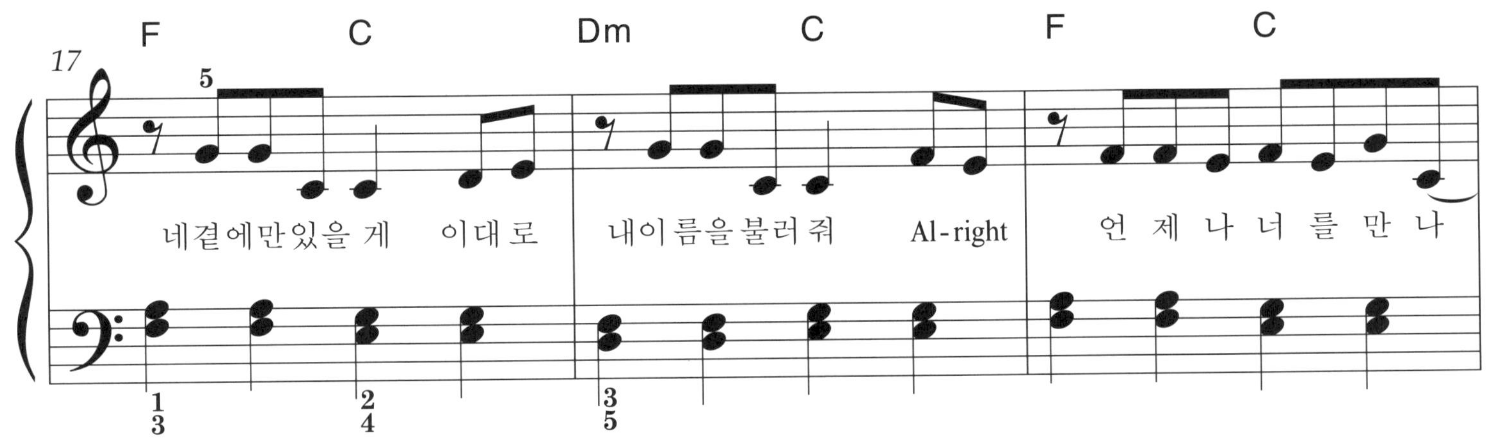

F   C   Dm   C   F   C
네곁에만있을 게   이대로   내이름을불러줘   Al-right   언 제 나 너 를 만 나

Dm   G   Am   G
─ 러 갈 거 야   Oh ─   별 헤 ─ 는   아 름   다 운 이 밤 ─   조 금

F   G   Am
씩   물 들 어 가   벅 차   올 라   이 루 어   지 길 너 의 소 원 다 나 에 겐

26
G F G
3 4 2 3 4 2
3   3
말 해 들어줄 게 거친 바람에 도 흔들리지않 아 손 잡 아 이루리이루리
1
5

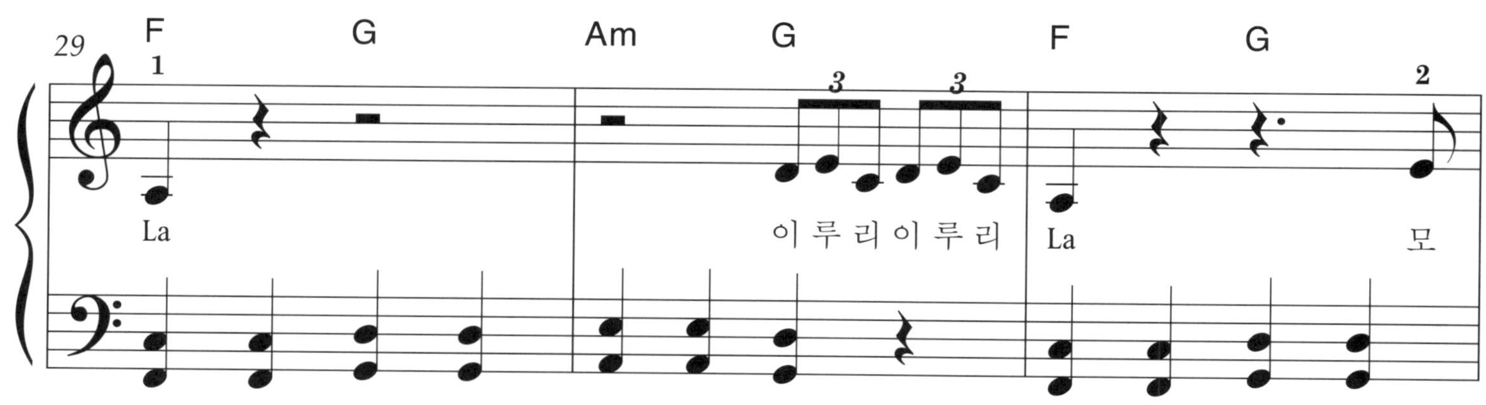

29
F G Am G F G
1
3 3
2
La
이루리이루리 La 모

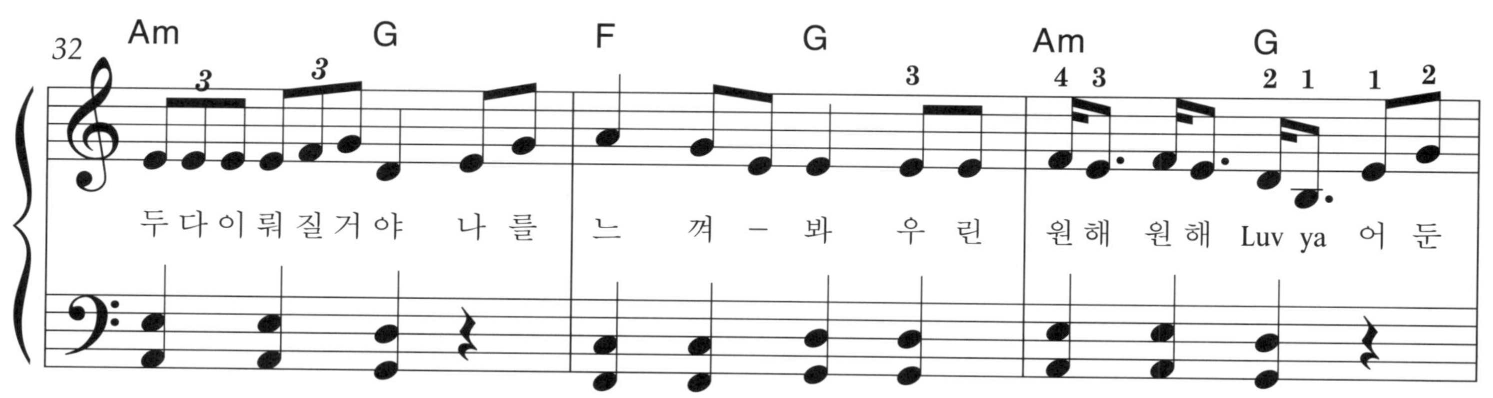

32
Am G F G Am G
3 3 3 4 3 2 1 1 2
두다이뤄질거야 나를 느 껴 — 봐 우린 원해 원해 Luv ya 어둔

35
F G Am G Am
2 1 1 3 3 3
밤 속 에서 난 빛을 찾을 거 야 이루리이루리 La

Psycho

EJAE 외 3명 **작사**
유영진 외 3명 **작곡**
레드벨벳(Red Velvet) **노래**

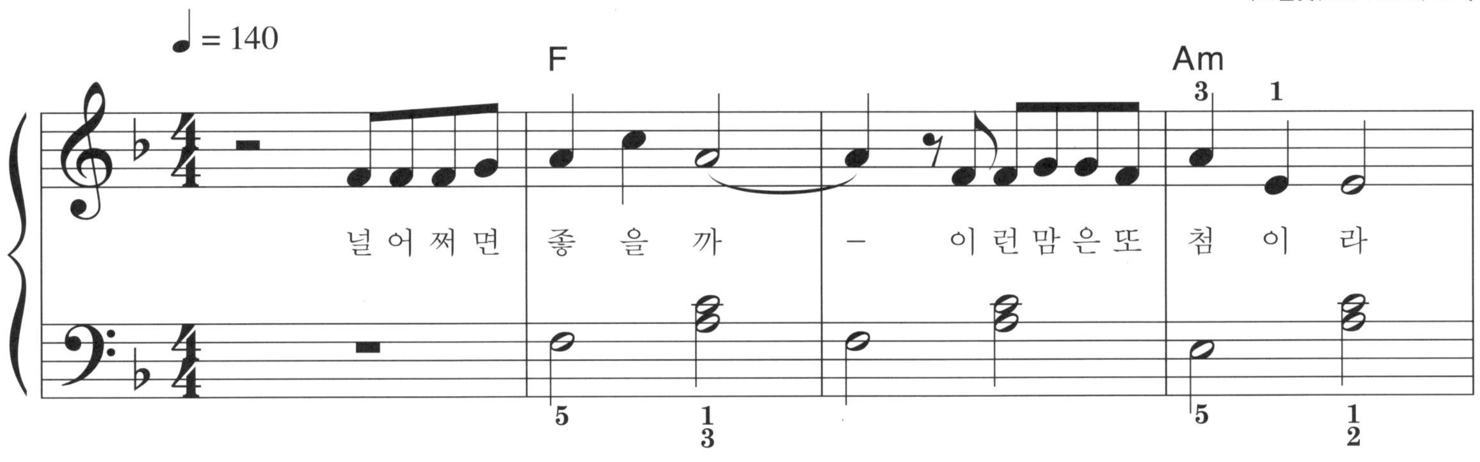

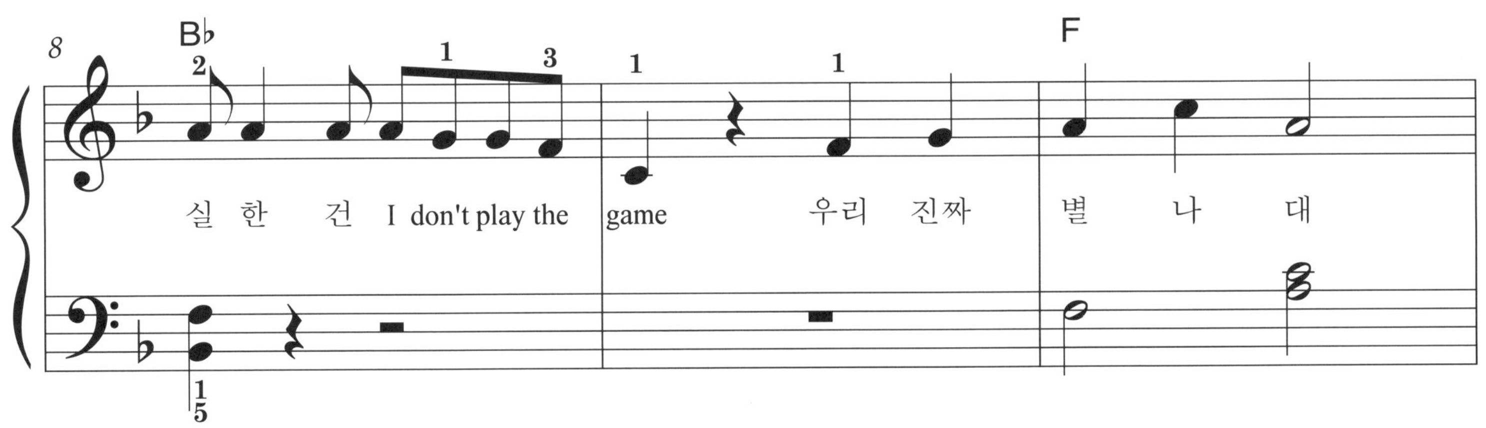

11
F
Am
Dm
그냥 내가 너무 좋아 해
넌 그 걸 너무 잘 알 고 날 쥐락 펴락

15
Dm
B♭
F
해 나 도 마 찬 가 지 인걸 ― ah ― ― ― 우린 참 별나 고 이

19
F
A
Dm
상 한 사 이야 ― 서로를 부서지게 ― 부서지게

23
Dm
B♭
그 리 곤 또 껴 안 아 그 리 곤 또 껴 안 아 You got me feel-ling like a

F
A
Psy-cho — psy-cho — 우 리 보 고 말 해   자 꾸 —   자 꾸
서 로 좋 아 죽 는   바 보 —   바 보

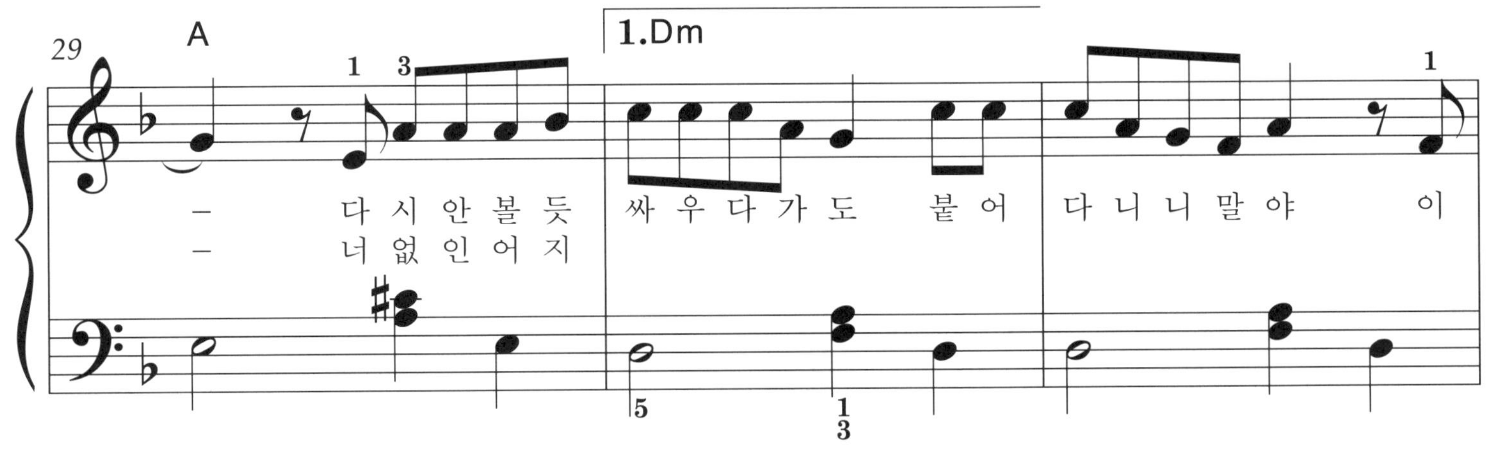

A
1.Dm
— 다 시 안 볼 듯   싸 우 다 가 도   붙 어   다 니 니 말 야   이
— 너 없 인 어 지

B♭
2.Dm
해 가 안 간 대   웃   기 지 도 않 대   맞 아   럽 고 슬 퍼 져   기 운

Dm
B♭
도 막 없 어 요   둘   이 잘 만 났 대   Hey now we'll be   ok

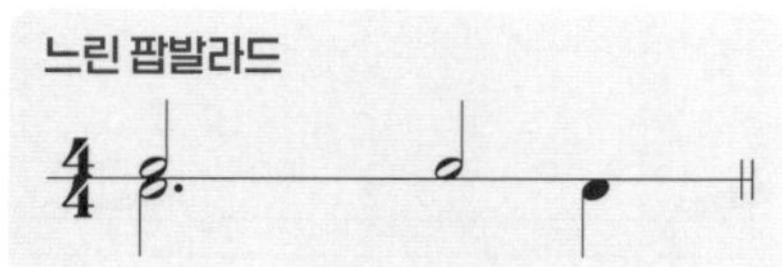

파트너

이건우 **작사**
차태일 **작곡**
정동원(Dong Wcn Jeong), 장민호(Min Ho Jang) **노래**

13 Am   Dm   C   G
얼 마 나 기 다 리 고 - 기 다 려 서 - 우 리 가 만 난 거

17 E   Dm   B
야 첫 눈 에 딱 보 는 그 순 간 너 는이미나의

21 E   Am   E
파 트 너 - 그 냥 멀 리 서 바 라 만 봐 도

25 E   Am   G
두 근 두 근 내 가 슴 은 뛰 네 - Come on - Come on -

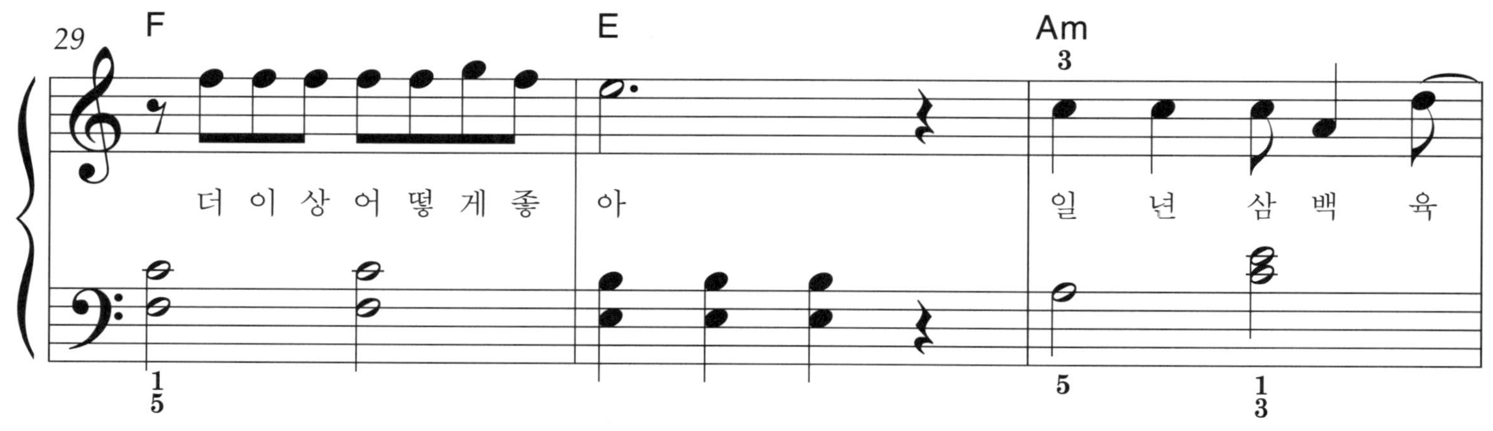

F
E
Am
더 이 상 어 떻 게 좋   아
일   년   삼   백   육

Dm
E
Am
- 십 오 일 동 안 우
- 린 멋 진 파 트 너 야
파   트   너

Am
Dm
E
많 고 많 은 사
- 람 중 에 최 고 둘
- 도 없 는 파 트 너 야

Am
Dm
그 대 -
그 래 그 래 맞 아 볼
- 때 마 다 미 처

너 무 좋 은 파 트 너 야 그 대 –
그 래 그 래 맞 아 볼

– 때 마 다 미 쳐
너 무 좋 은 파 트 너 야 그 대 –

너 무 좋 은 파 트 너 야 그 대 –
너 무 좋 은 파 트 너 야

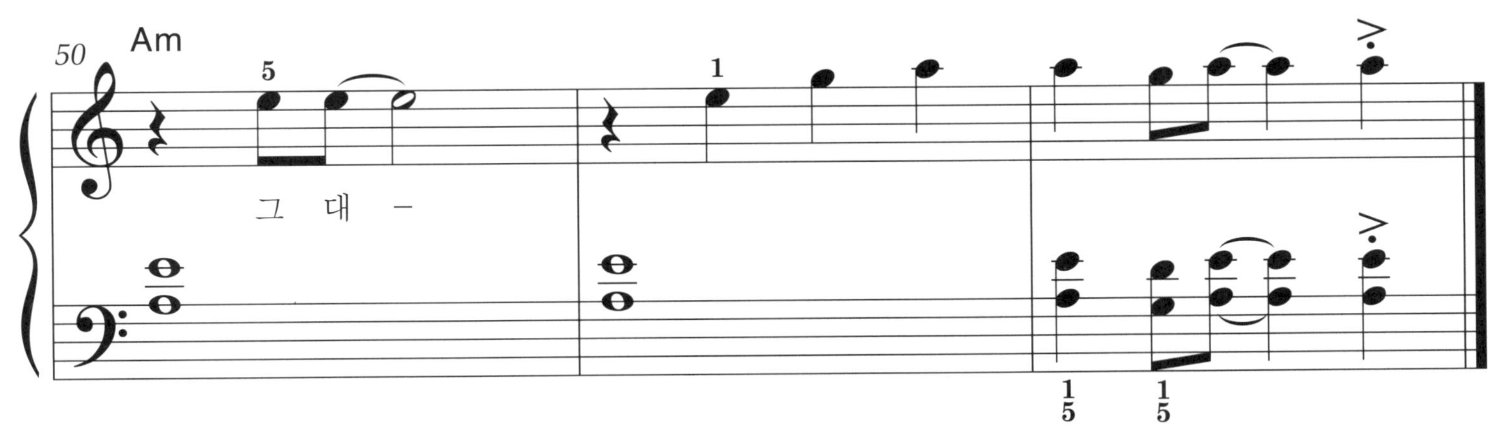
그 대 –

우리 만남이

폴킴 작사
폴킴 작곡
폴킴(Paul Kim) 노래

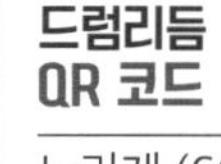

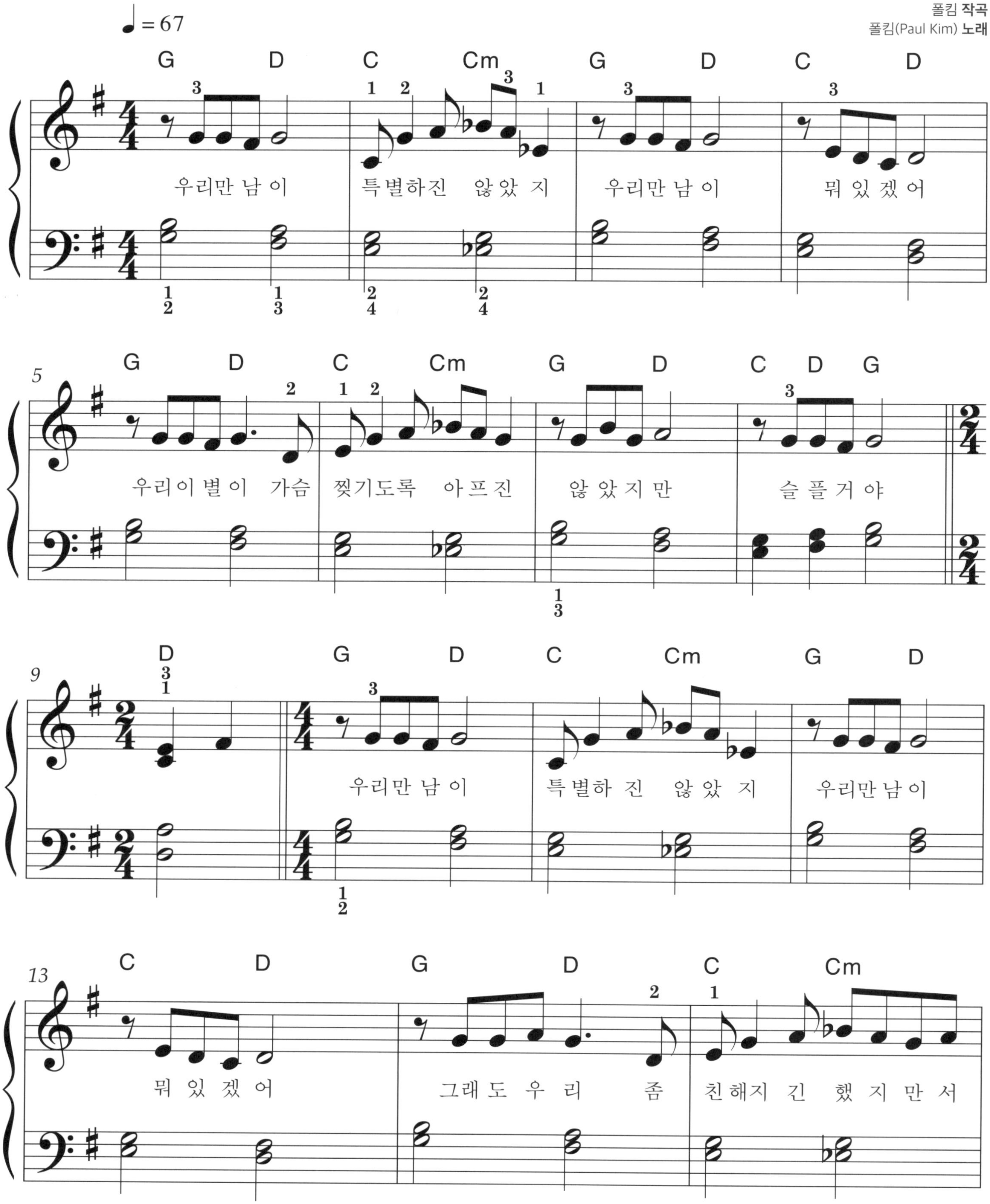

16
G B Em A C D
로 눈물보일것 까진 — 그리 울 거
19
G G7 C D Bm Em
야 인생은 헤 어 지 고 만 나 고 익 숙 해지고
22
C D G G7 C D
또 그 냥그런대 로 살 아 가 고 인 생 은 무 뎌 지고아
25
Bm B Em A Dsus4 D G
파하며 익 숙 해 져 서 다 시 그 땔 — 그 리 워 해

아로하

슬기로운 의사생활 OST Part 3

김태훈 **작사**
위종수 **작곡**
조정석(Jung Suk Jo) **노래**

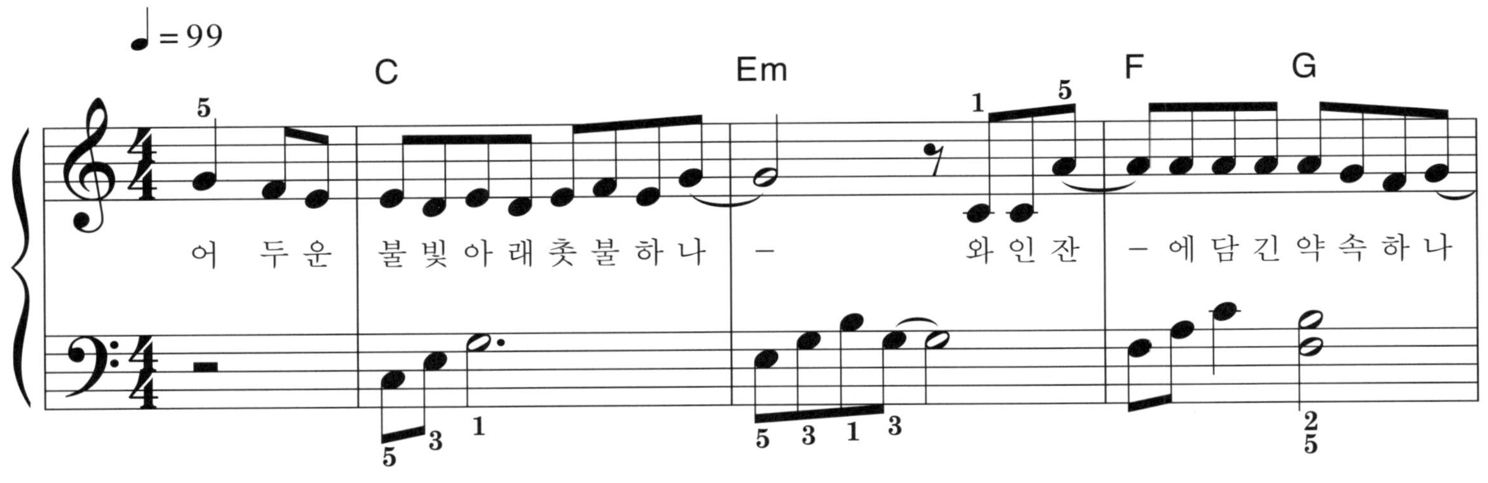

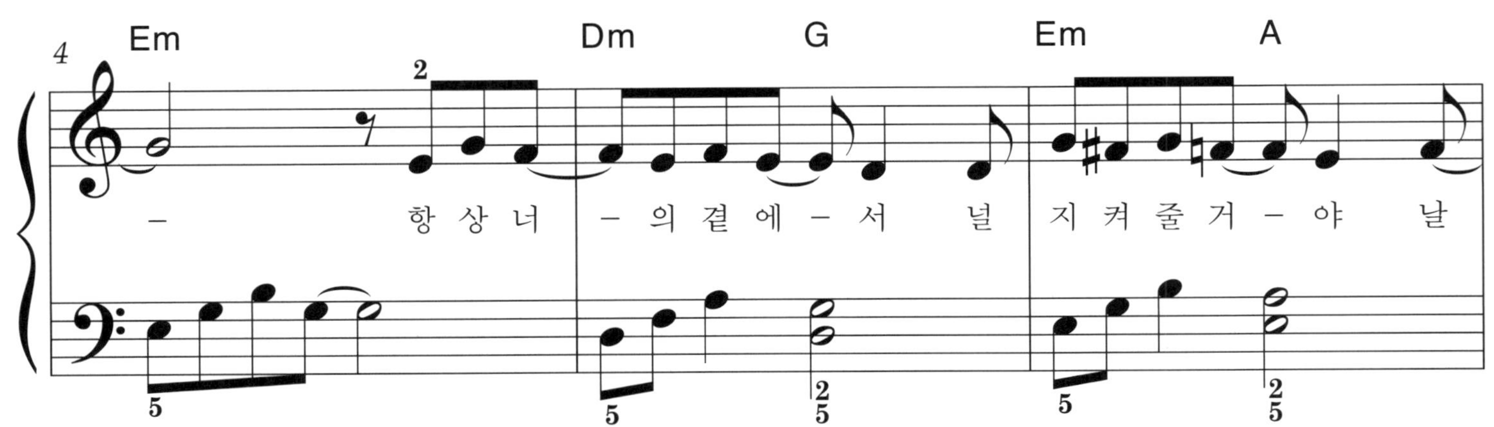

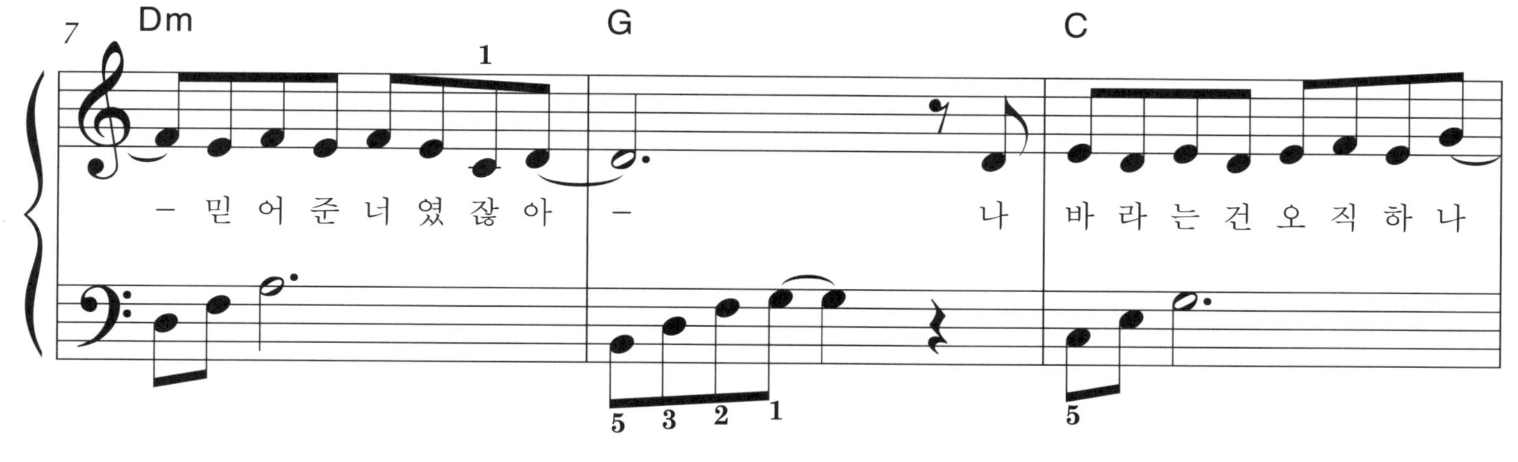

7
Dm   G   C
1
- 믿 어 준 너 였 잖 아 -   나   바 라 는 건 오 직 하 나
5 3 2 1   5

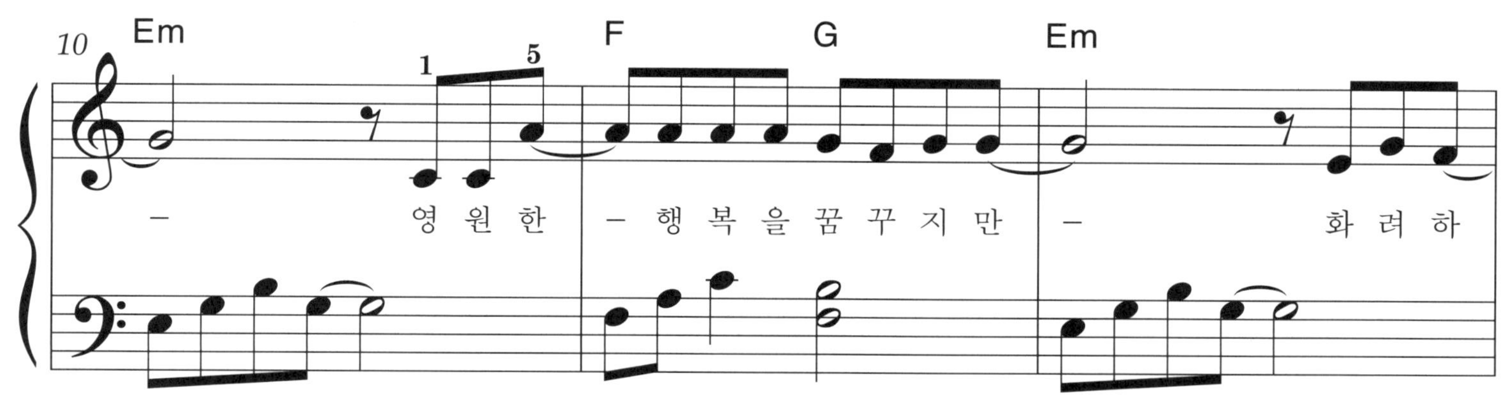

10
Em   F   G   Em
1   5
-    영 원 한   - 행 복 을 꿈 꾸 지 만   -   화 려 하

13
Dm   G   Em   A   Dm   G
1
- 지 않 아 - 도   꿈   같 진 않 아 - 도   너   - 만 있 어 주   면 돼

16
C   Am   Em
3   1   2
-    걱 정 마   - (I believe)   언 제 나   - (I believe)   이 순
5 3 1 2   3

19
F G Em Am
1
3
간을잊지 - 않을게 - 내품에 - (I believe) 안긴너

22
Em Dm G
1
5
3 1
- 의미소가 영 원히빛을잃어 가 - 지않게 Cause your

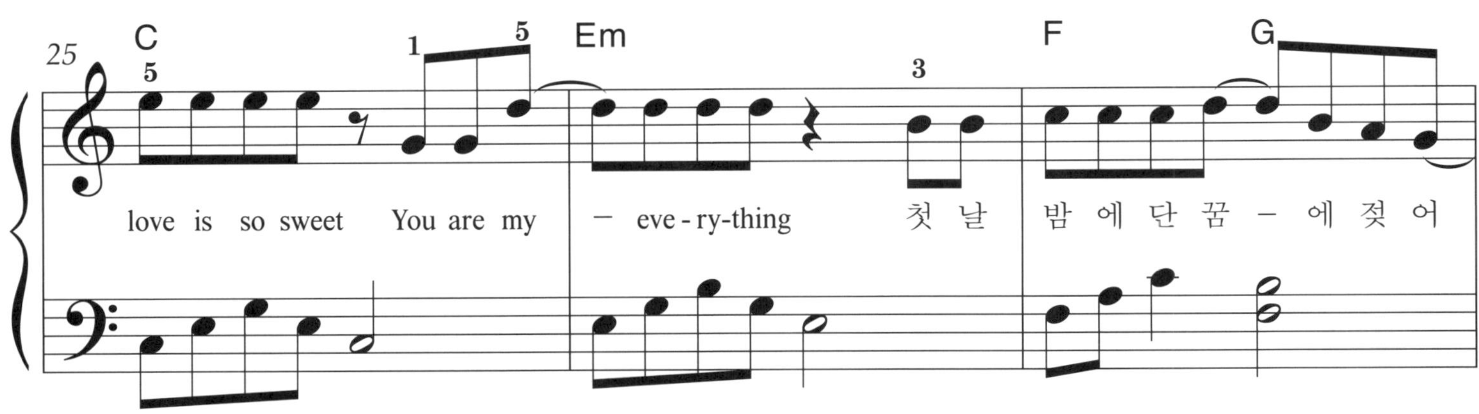

25
C Em F G
5
1 5
3
love is so sweet You are my - eve-ry-thing 첫 날 밤에단꿈 - 에젖어

28
Em Dm G Em Am
1
2
1
- 하 는말 - 이아냐 난변하 - 지않아 - 오직

Dm
G
C
너 만 바 라 - 볼 거 야 - oh - - You're light of my life You're the one
Em
F
G
Em
- in my life 내 모 든 걸 다 잃 - 는 데 도 - 후 회 하
Dm
G
Em
Am
Dm
G
- 지 않 아 오 직 너 - 를 위 한 - 변 하 지 않 는 사 - 랑 으 로
C
Dm
G
C
- All I ev- er want is - your - love -

어떻게 이별까지 사랑하겠어, 널 사랑하는 거지

이찬혁 작사
이찬혁 작곡
악동뮤지션(AKMU) 노래

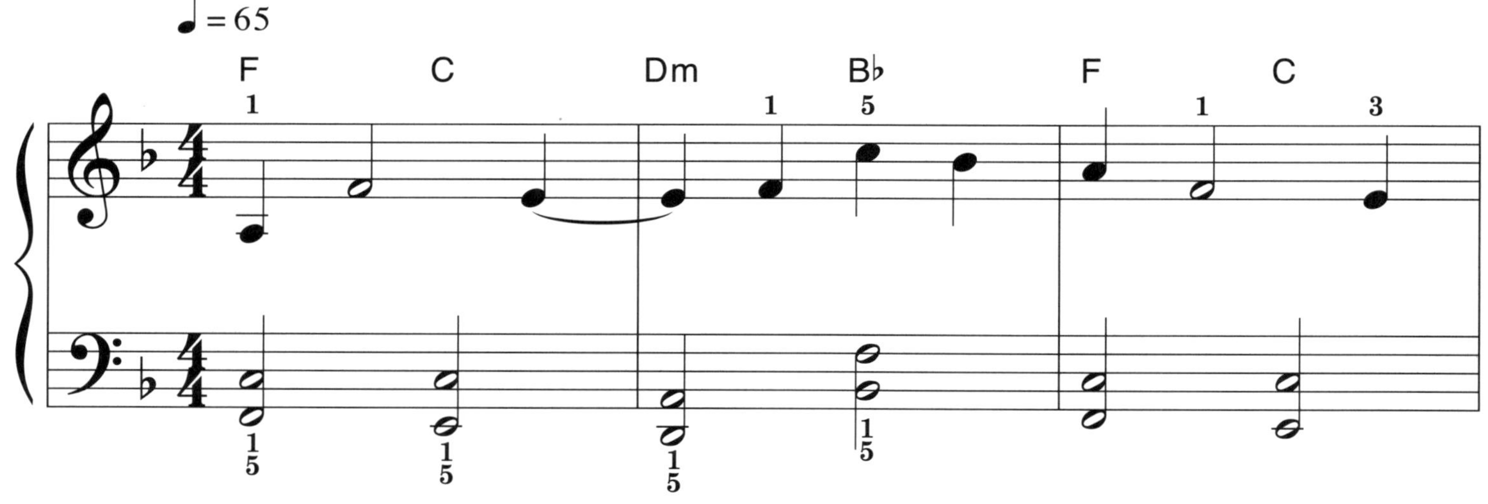

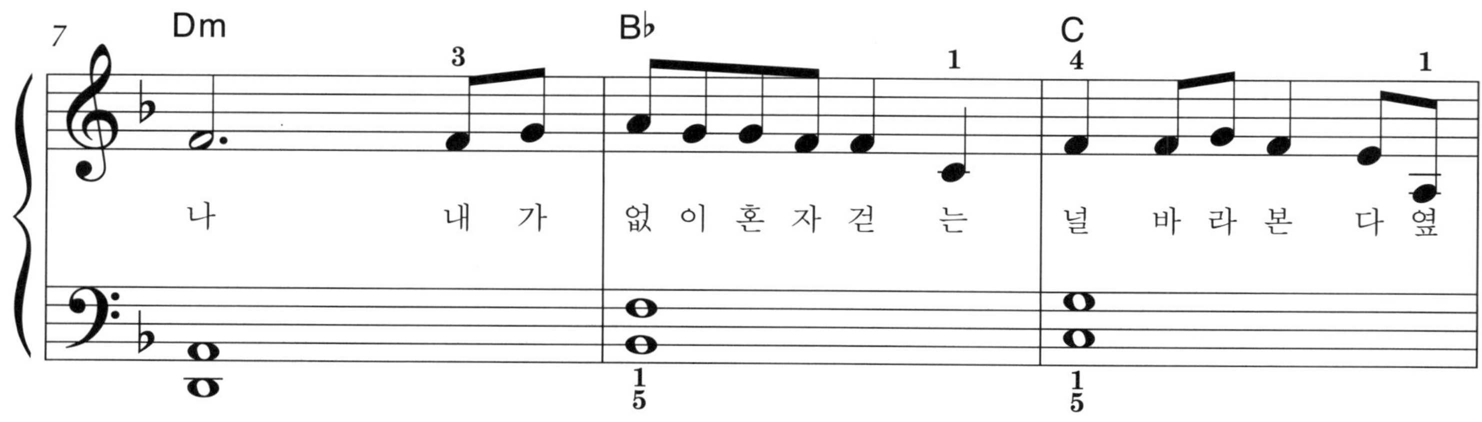

자 리 허 전 한 너 의 풍 경 흑 백 거 리 가 운 데 넌

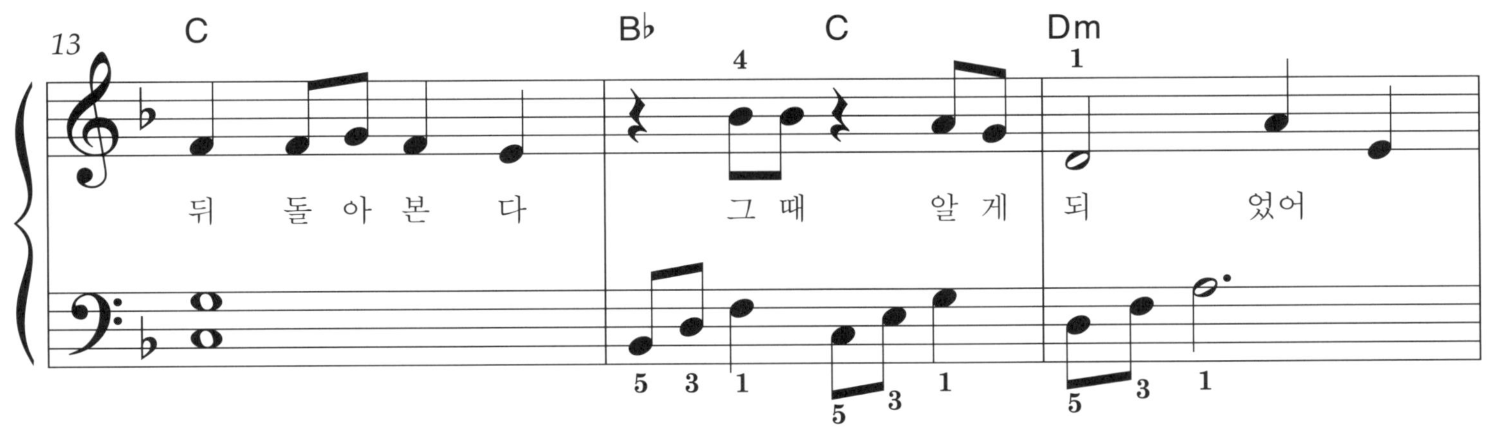

뒤 돌 아 본 다 그 때 알 게 되 었 어

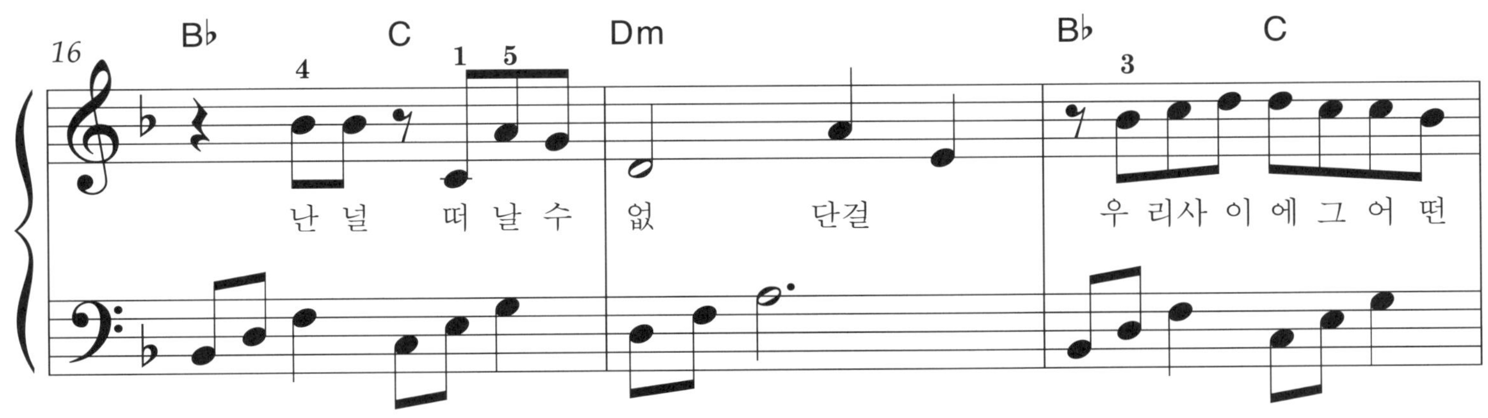

난 널 떠 날 수 없 단걸 우 리 사 이 에 그 어 떤

힘 든일도 이별 보단버틸수 있는 것 들 이 었 죠

어 떻게이별 까지 사 랑 하 겠 어 널

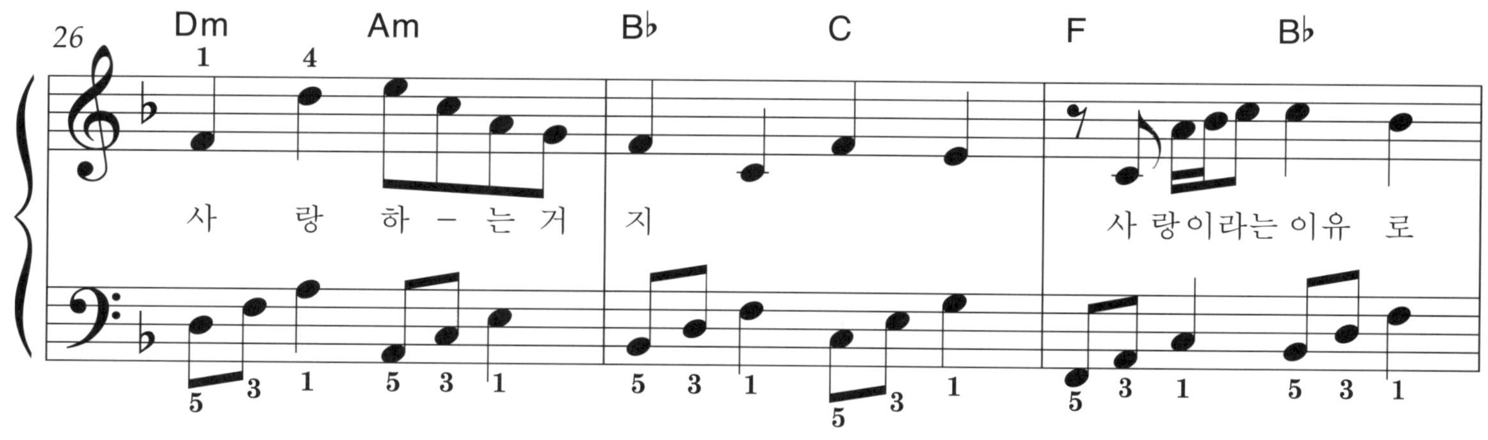
사 랑 하 — 는 거 지 사 랑이라는 이유 로

서 로를포 기하 고 찢 어 질것같 이 아 파 할 수 없어

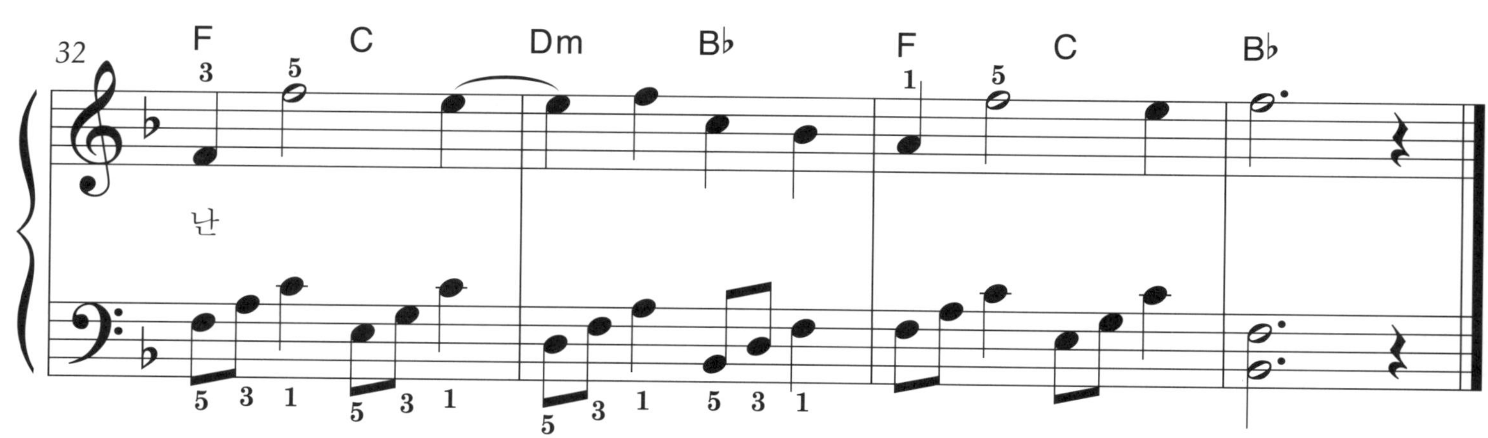
난

펑키1

MORE & MORE

드럼리듬
QR 코드
조금 빠르게
(110)

비비 외 1명 작사
MICHAELS JULIA 외 3명 작곡
트와이스(TWICE) 노래

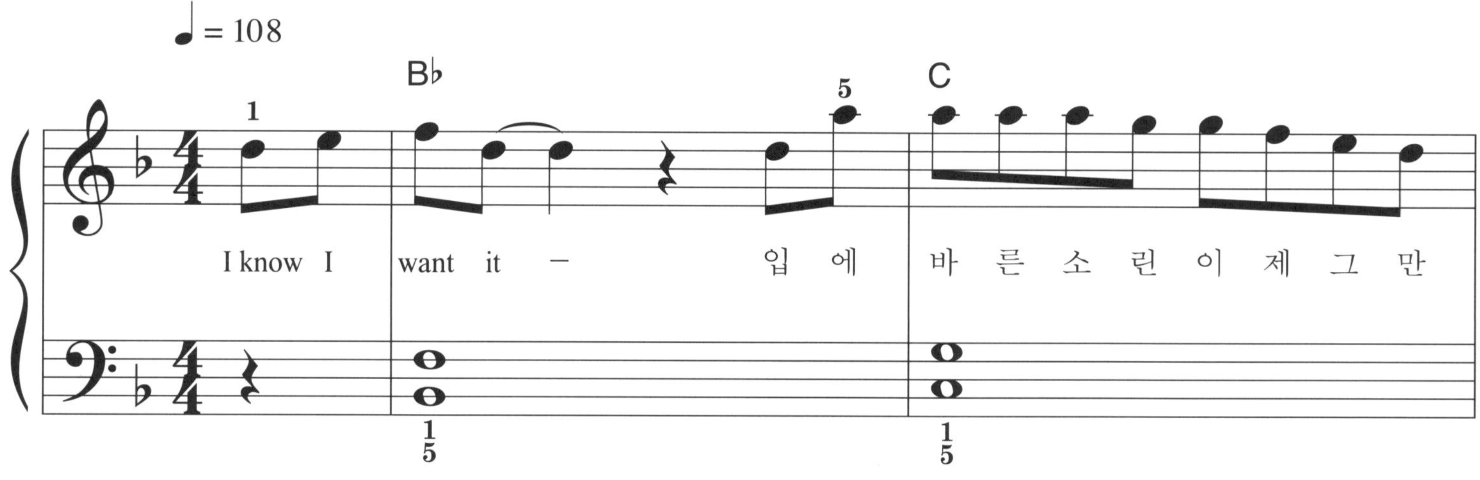

I know I want it — 입 에 바 른 소 린 이 제 그 만

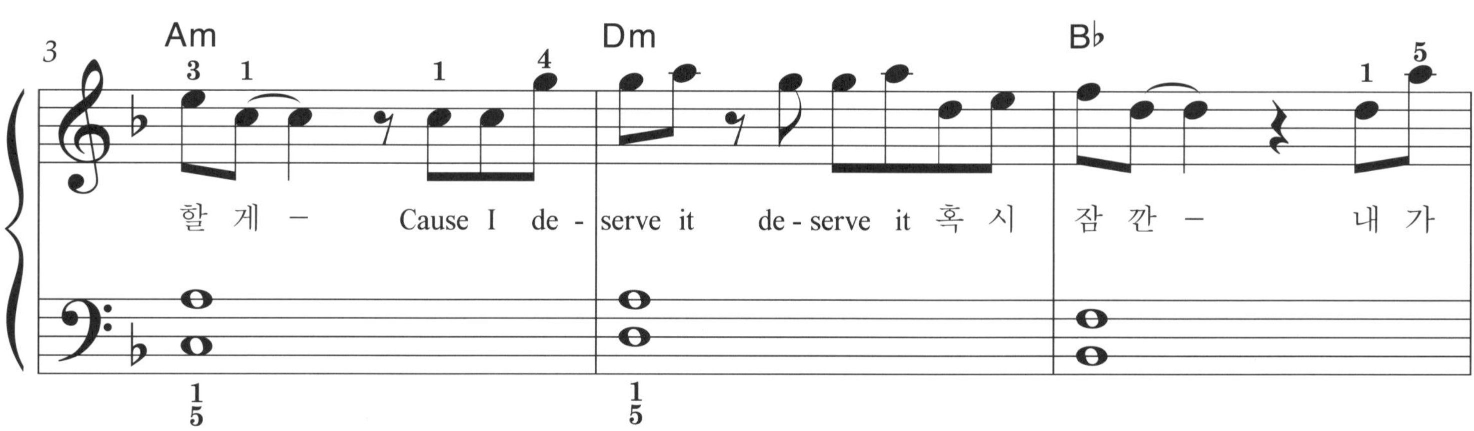

할 게 — Cause I de-serve it de-serve it 혹 시 잠 깐 — 내 가

미 워 지 더 라 도 걱 정 안 할 게 — Cause I know you I know you —

B♭   C   Am
9
내 눈을 자 꾸 피해봐
네 맘을 자 꾸 숨겨봐
나 에게서 도 망 쳐봐

Dm   B♭   C
12
─   No no ─ ─ ─ ─
감았던눈 을 떴을때
문득내가 떠 오를때

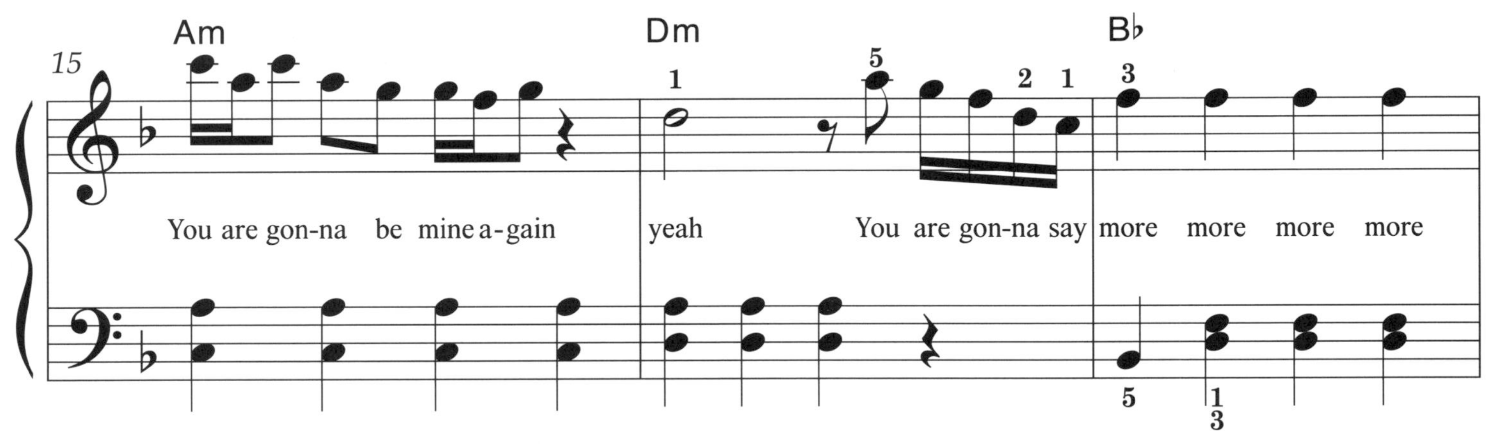

Am   Dm   B♭
15
You are gon-na be mine a-gain
yeah
You are gon-na say more more more more

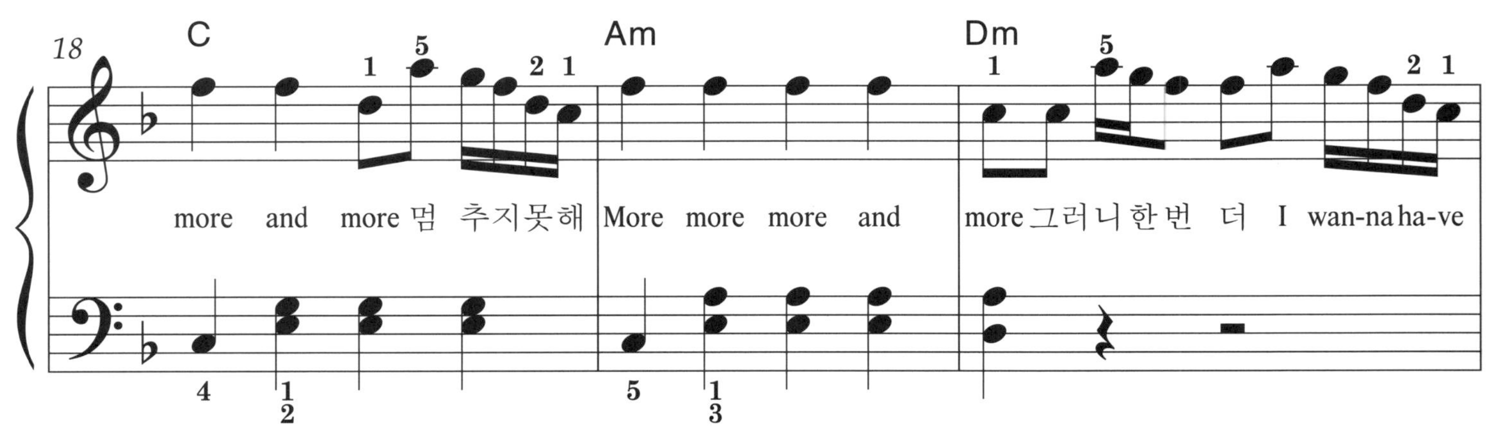

C   Am   Dm
18
more and more 멈 추지못해
More more more and
more 그러니한번 더 I wan-na ha-ve

21
Bb
more more more more
C
more and more 멈 추기 싫어
Am
More more more and
24
Dm
more 그러 니한번 더
Bb
C
멈추 지를못 해
27
Am
More and more
Dm
그러 니한번 더
Bb
30
C
멈추 기가싫 어
Am
More and more
Dm
그러 니한번 더

덤더럼

Dumhdurum

블랙아이드필승2 외 2명 **작사**
블랙아이드필승2 외 2명 **작곡**
에이핑크(Apink) **노래**

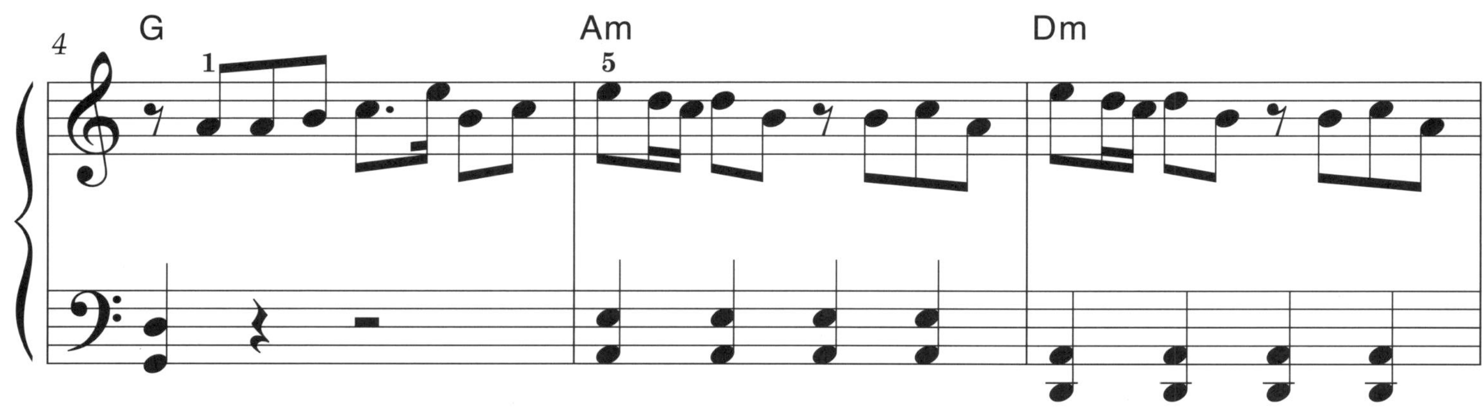

Dm
F
G
이 상 한 걸 좀
나 를 위 해 보 — 내
준 다 는 말 이 —

Am
Dm
F
직 감 은 두 려 워 너
무 참 잘 맞 아 서
하 루 하 루 밀 어 냈 던 느

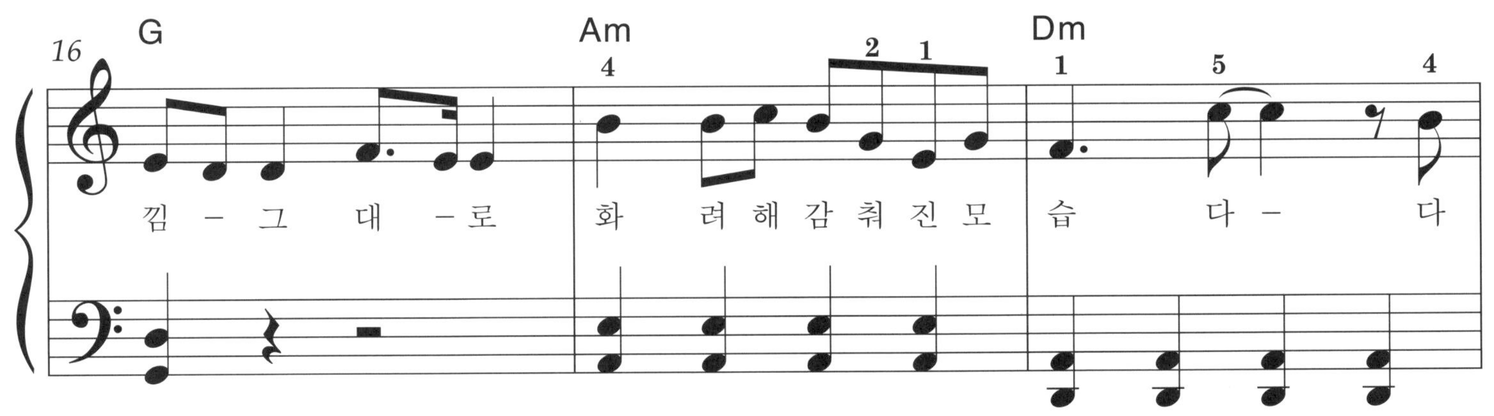

G
Am
Dm
낌 — 그 대 — 로
화 려 해 감 춰 진 모
습 다 — 다

19
F
G
Am
들 킬 까 봐 겁 - 나
너 는 내 맘 몰 - 라
걱 정 마 Ba - by I'm so

22
Dm
F
(N.C.)
fine   oh -   아냐 아무렇지않 아 괜 - 찮 아
내 맘 은 덤 더러럼 더러

25
Am
Dm
F
럼   누 구 보 다 차 갑
던   네 가 떠 난 거 야
잘 된 - 거야점 점 점

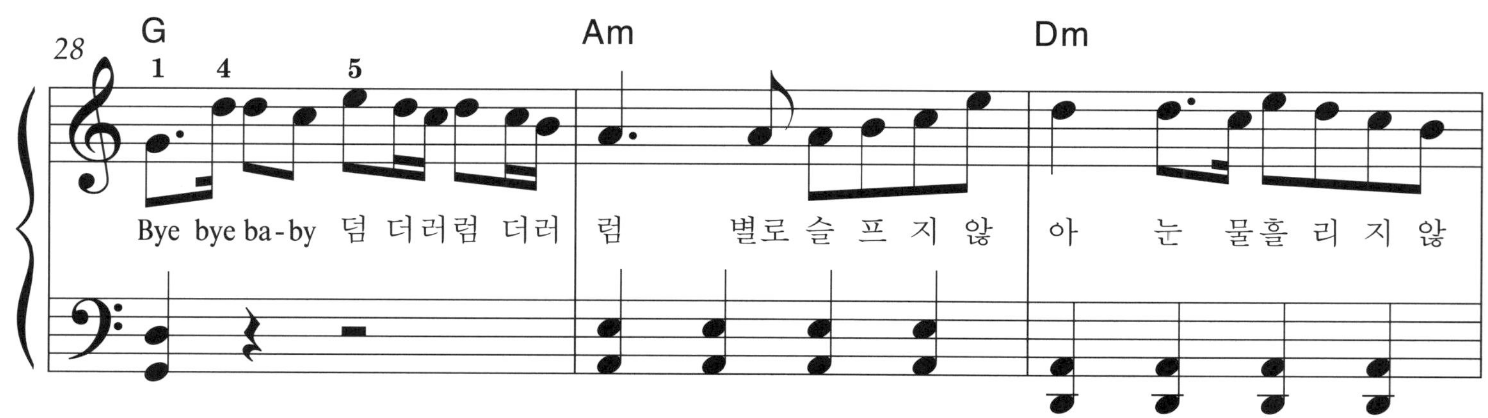

28
G
Am
Dm
Bye bye ba-by 덤 더러럼 더러
럼   별 로 슬 프 지 않
아 눈 물 흘 리 지 않

F   G   Am
31
아 벌 써 다끝나 버 린 내 ㅡ맘 은 덤 더럼덤 덤

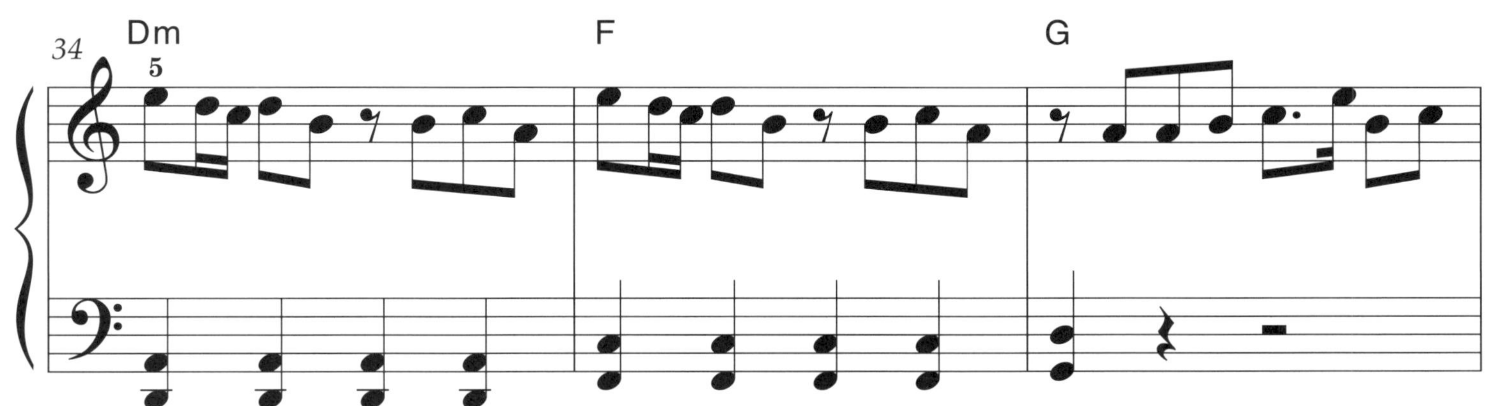

Dm   F   G
34

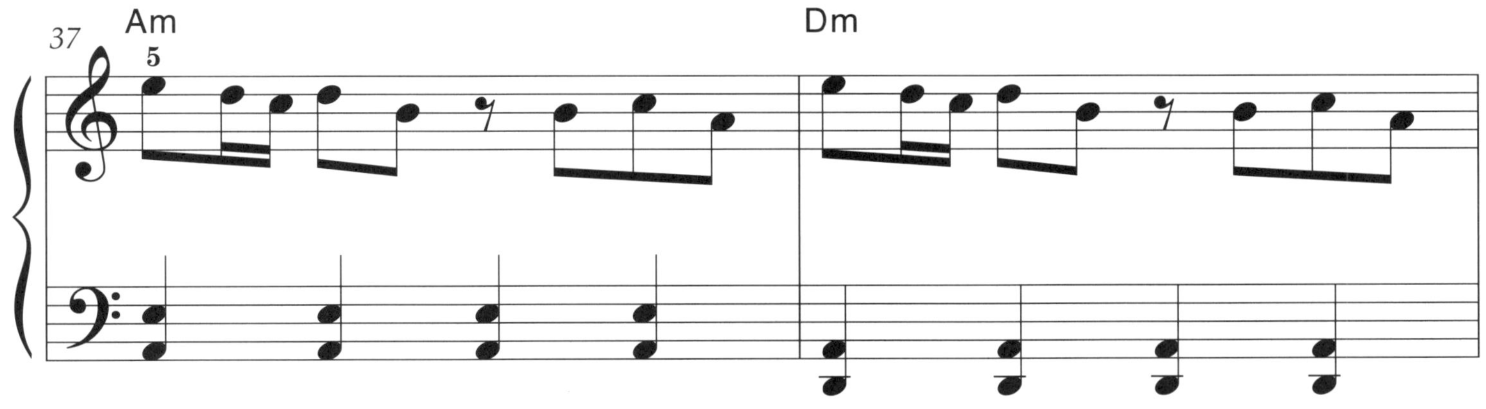

Am   Dm
37

F   G   Am
39
내 맘 은 덤 더럼덤 덤

흔들리는 꽃들 속에서
네 샴푸향이 느껴진거야

멜로가 체질 OST Part 3

장범준 작사
장범준 작곡
장범준(Beom June Jang) 노래

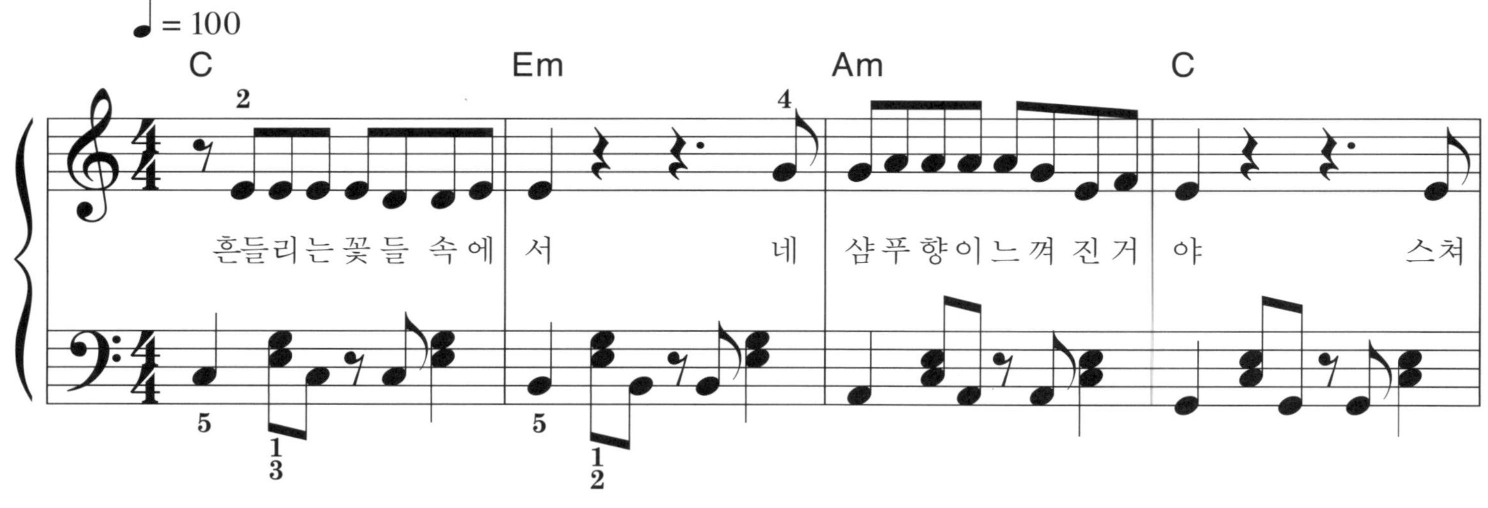

C Em Am C
다가가는 집 근 처에 서   괜히   핸드폰만 만지 는거 야   한번
지나치는 꽃들 속에 서   네   샴푸향이 보이 는거 야   스쳐

F G Em Am F D Gsus4 G
연락해 볼까 용 기 내보지만 그냥 내마음만 아쉬운거 야   걷다가보면
지나간건 가 뒤 돌아보지만 그냥 내마음만 바빠진거 야   걷다가보면

C G Am Em F G C
항 상 이렇게너 를 바라만보던너 를 기다린다고말 할 까 지금집앞에

C G Am F G Csus4 C
계 속 이렇게너 를 아쉬 워하다너 를 연락했다 할까 ―

오뚝이다트(던질까 말까)

트니트니 율동체조

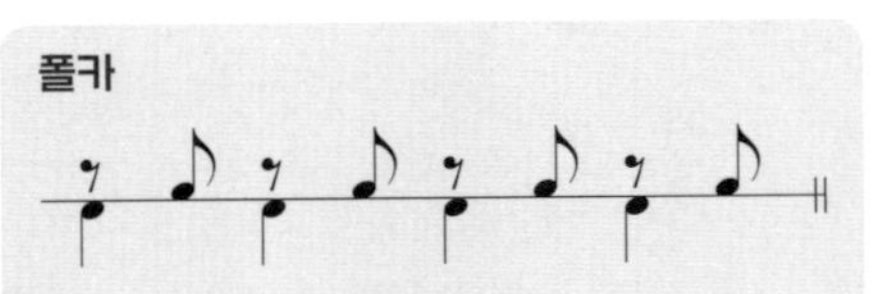

이피어나 **작곡**

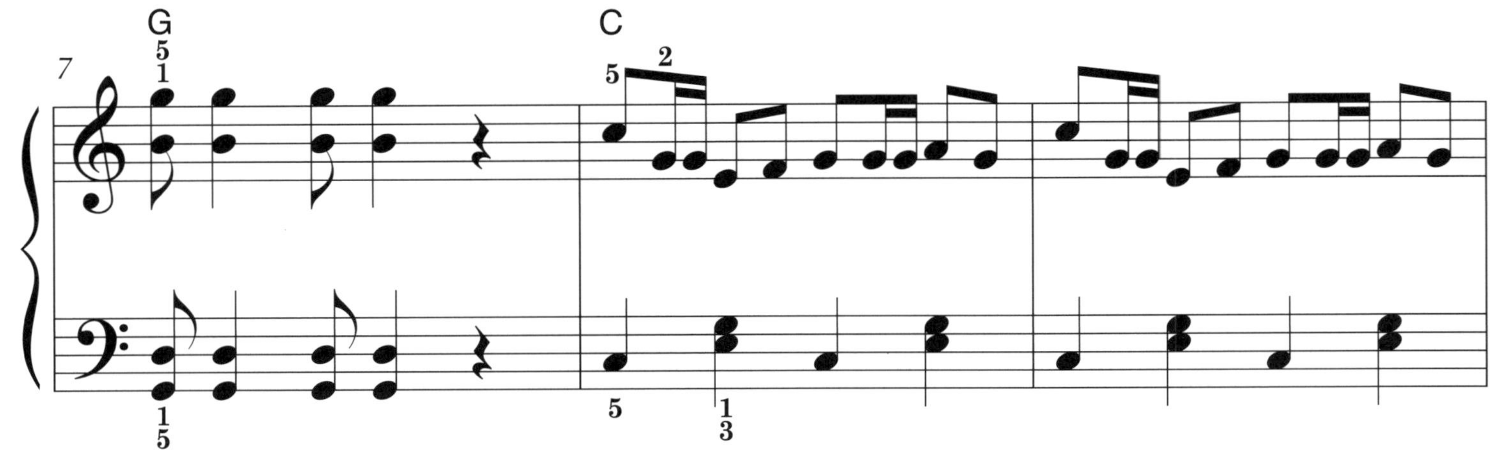

Joy쌤의 누구나 쉽게 치는 K-POP 시즌5 [초급편] 71

22
C
5 2
G
2 1
5
1
3
5
G
25
G
C
5 2
5
1
3
28
G
2 1
31
G
5
1
C
5
1
1
5
1
5
72

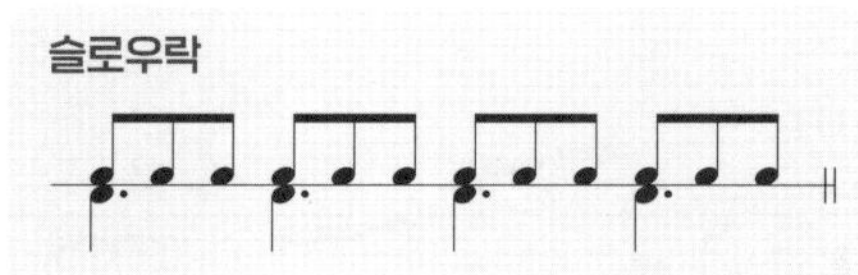

Happy

이스란 외 4명 **작사**
CHRIS WAHLE 외 3명 **작곡**
태연(TAEYEON) **노래**

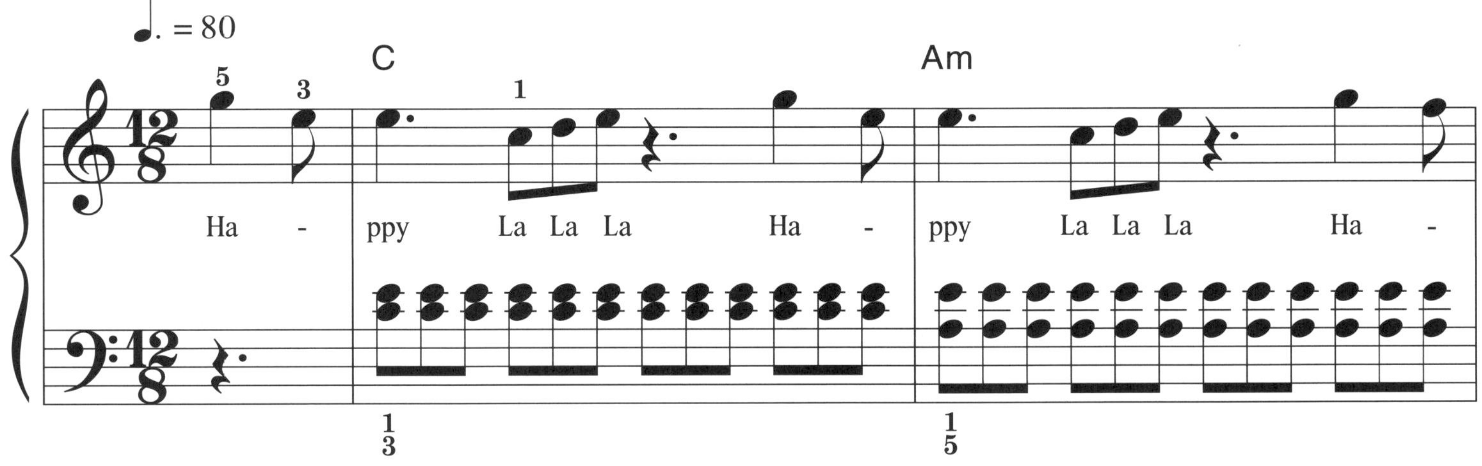

G
C
Am
Tell me ba-by ba-by －
손꼽아 왔던 밤 －
널 상상할때마다 － 아무

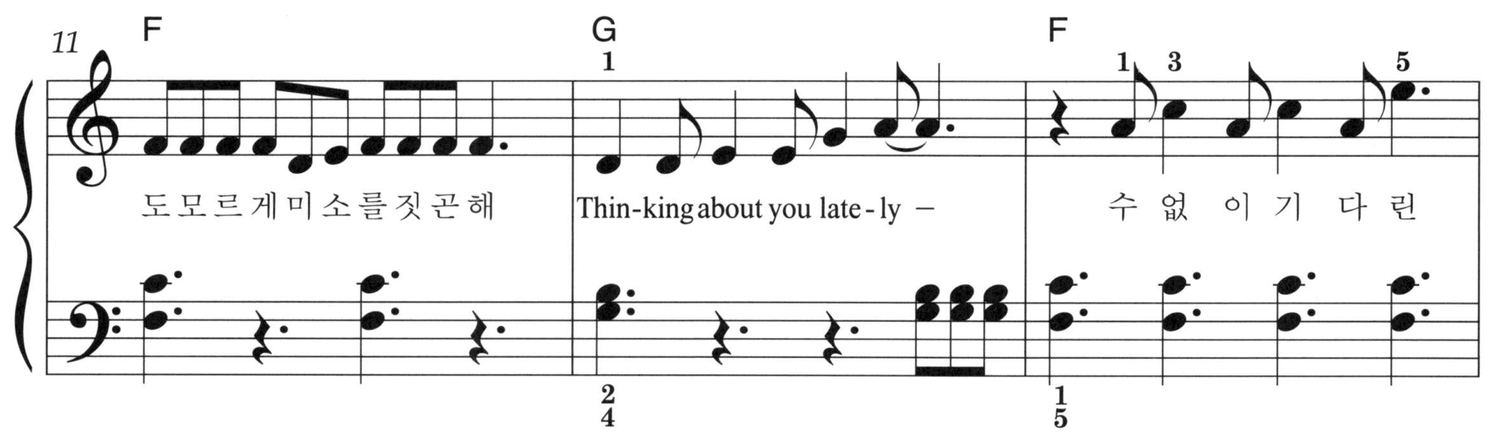

F
G
F
도모르게미소를짓곤해
Thin-king about you late-ly －
수 없 이 기 다 린

Em
F
G
우 리 의 이 밤 이
일년을돌고돌아 내
게와준기적같아 오늘밤난

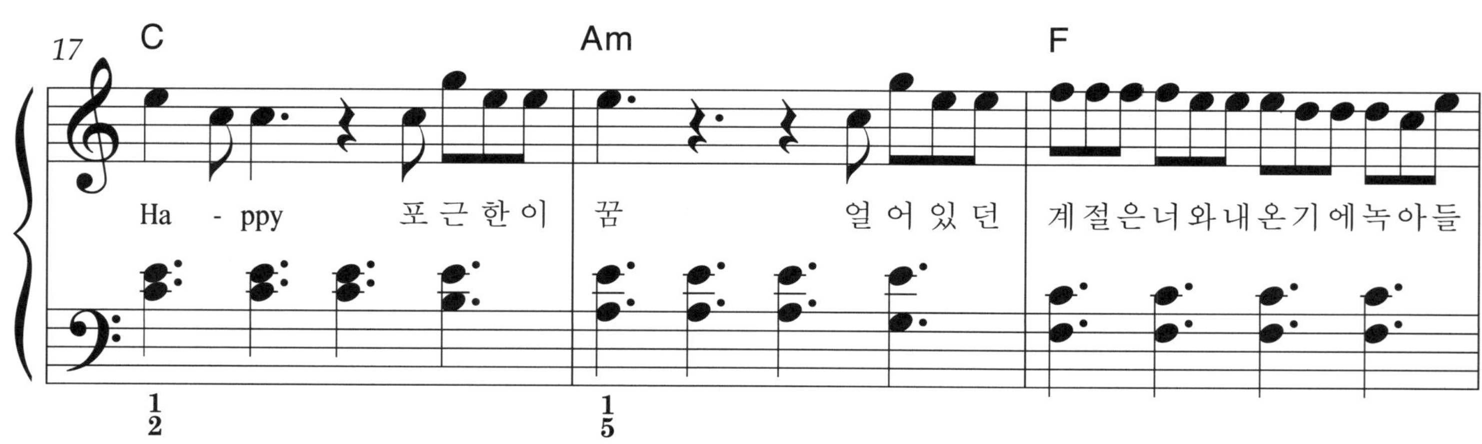

C
Am
F
Ha － ppy
포근한이 꿈
얼어 있던
계절은너와내온기에녹아들

20
G
C
A
1
4
3
고   그 대 품 에   안 겨 –   꿈 꾸 는 멋 진   밤   오 랜
15

23
Dm
G
F
1
5
시 간 속 둘 만 의 소 원 을 속 삭 여   봐   함 께 있 어 난   Ha – ppy   영 원 할 이
1
2
1
5

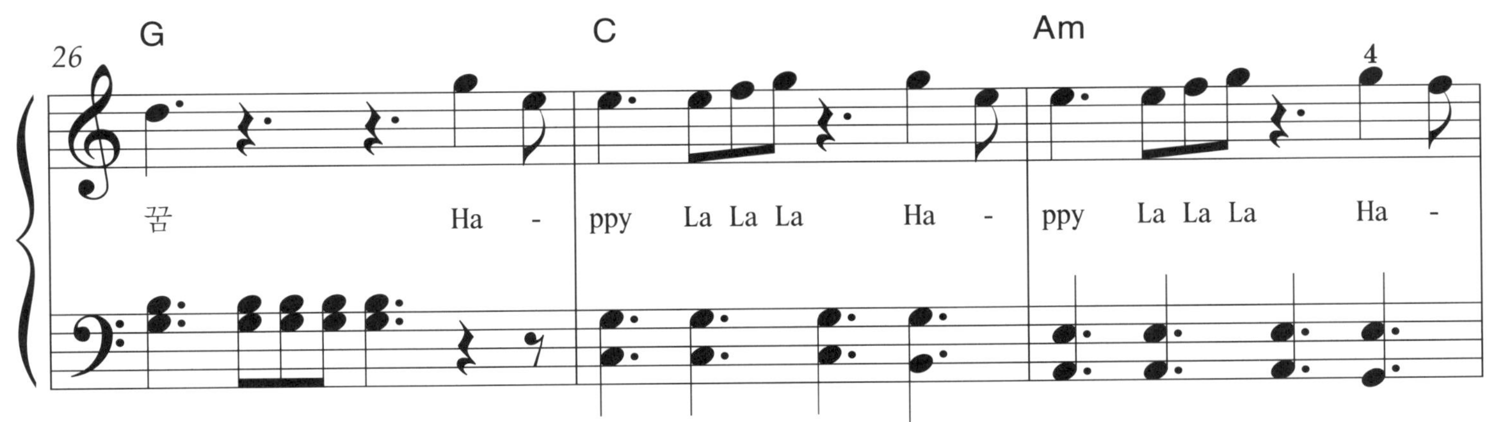

26
G
C
Am
4
꿈   Ha – ppy La La La   Ha – ppy La La La   Ha –

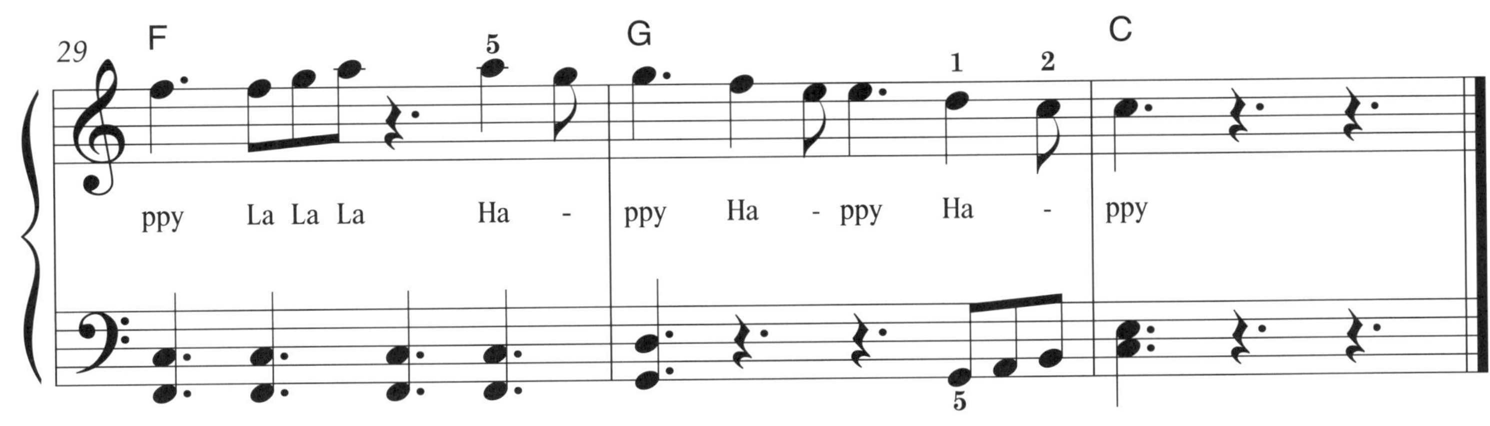

29
F
G
C
5
1
2
ppy La La La   Ha – ppy Ha – ppy Ha – ppy
5

아무노래

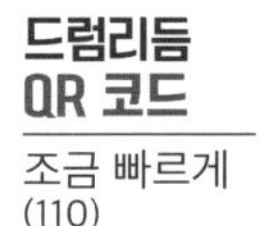

지코 작사
지코 외 1명 작곡
지코(ZICO) 노래

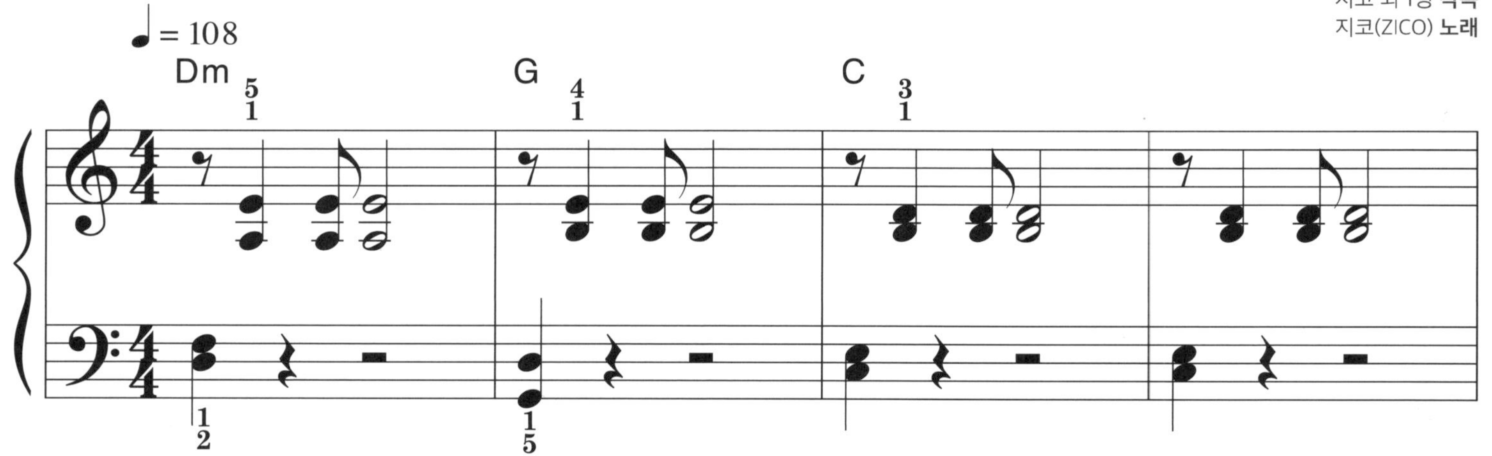

G
C
Am
아무거나신나는걸 로
아무렇게나 춤 춰
아무렇지않 아 보 이 게

Dm
G
C
1 4
1
4
아무생각하기싫 어
아무개로살 래 잠 시
I'm
sick and ti - red of my eve - ry -

Am
Dm
G
3
day keep it up 한 곡 더
아무노래나일단 틀어
아무렴어때 It's so bo - ring

C
Am
Dm
1 4
2
2
아무래도 re-fresh 가 시급한
듯해쌓여 가 스트레스가 배 꼽
빠질 만 큼 만 폭 소

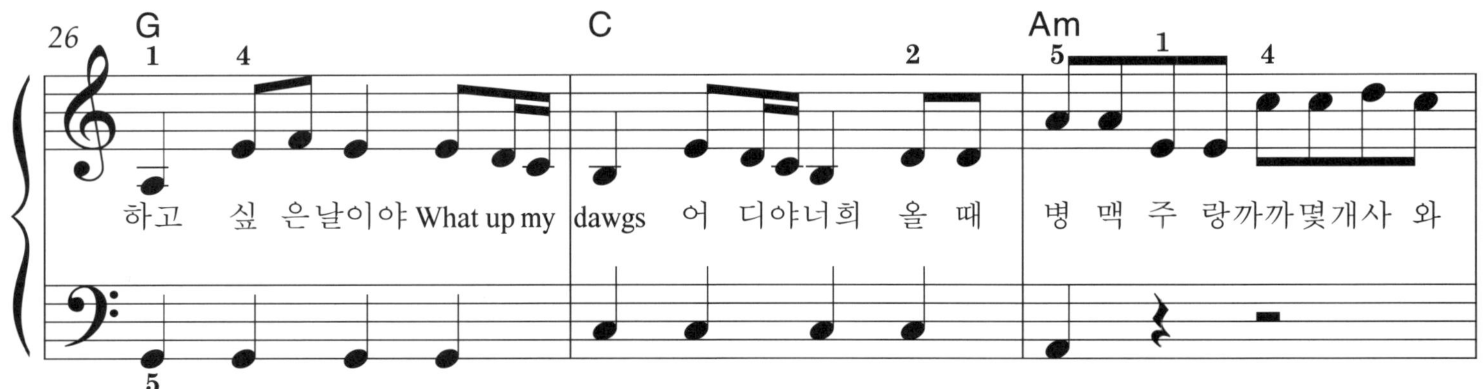

26
G   C   Am
하고 싶은날이야 What up my dawgs 어디야너희 올 때 병맥주랑까까몇개사 와

29
Dm   Em   Am   Dm
huh 클럽은구미가잘안 당 겨 우리 집거실로빨 랑 모여 외부인은요령껏차단시

32
Em   Am   Dm
켜 밤새수다떨 시간도모자라 누군 힘들어 죽 겠 고누군축 — 제

34
Em   Am   Dm   Em   Am
괜히싱숭생숭 I want my youth back 좀전 까지왁자지 껄하다 한명두명씩 자릴 떠

37
Dm
3
G
1
왜 들 그 리 다운 돼있 어
뭐 가 문 제 야 Say some - thing

39
C
Am
분 위 기 가 겁 나 싸 해
요새는이런게 유 행 인 가

41
Dm
1
G
4
왜 들 그 리 재미 없 어
아
그건 나도 마 찬 가 지

43
C
Am
Tell me what I got to do —
급 한 대 로블루 투스 켜

Joy's
EASY TO PLAY

K*POP

FOR

PIANO

BEGINNING LEVEL
SEASON 5

Joy쌤과 함께 치는
포핸즈

아무노래

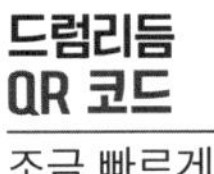

지코 작사
지코 외 1명 작곡
지코(ZICO) 노래

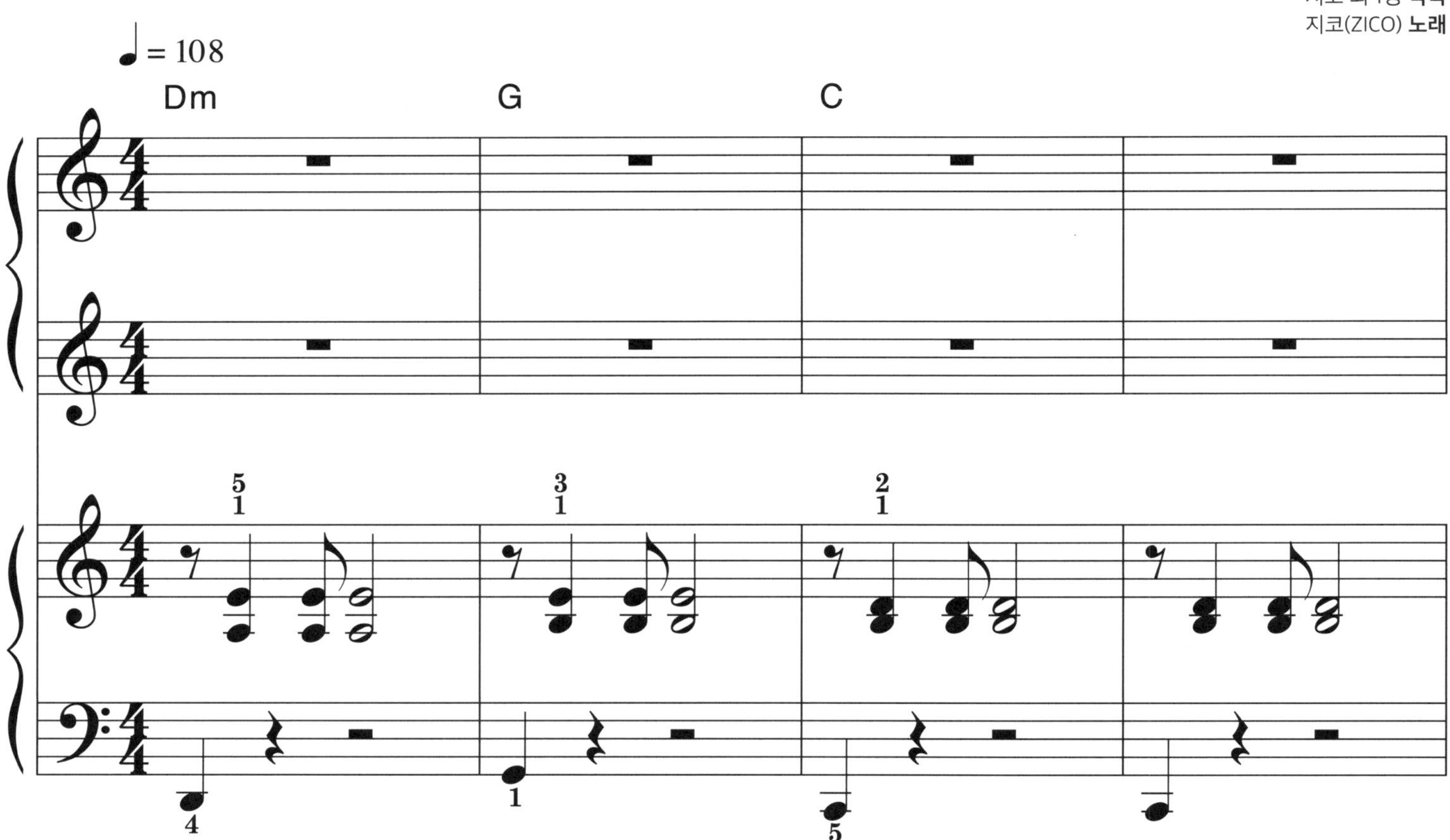

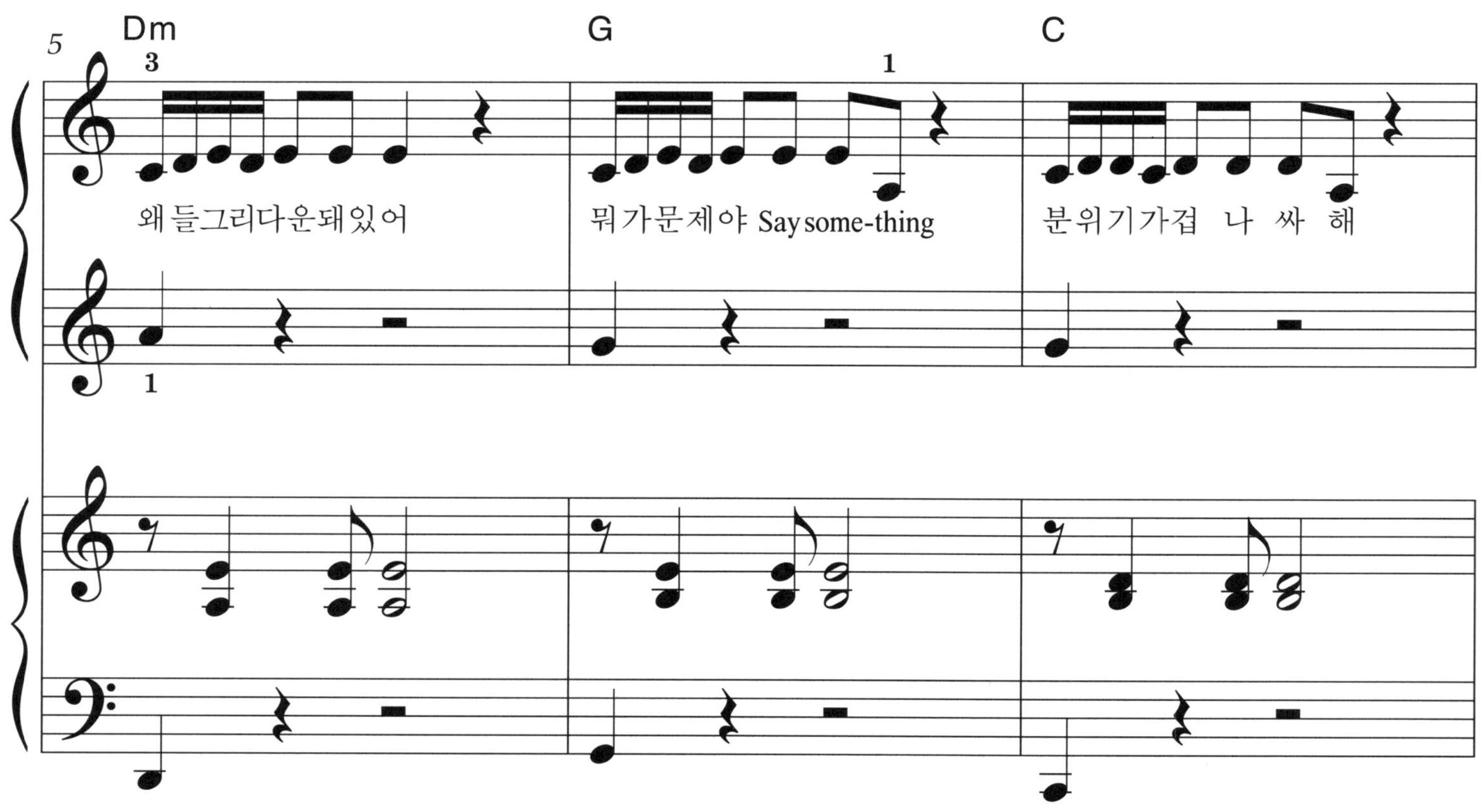

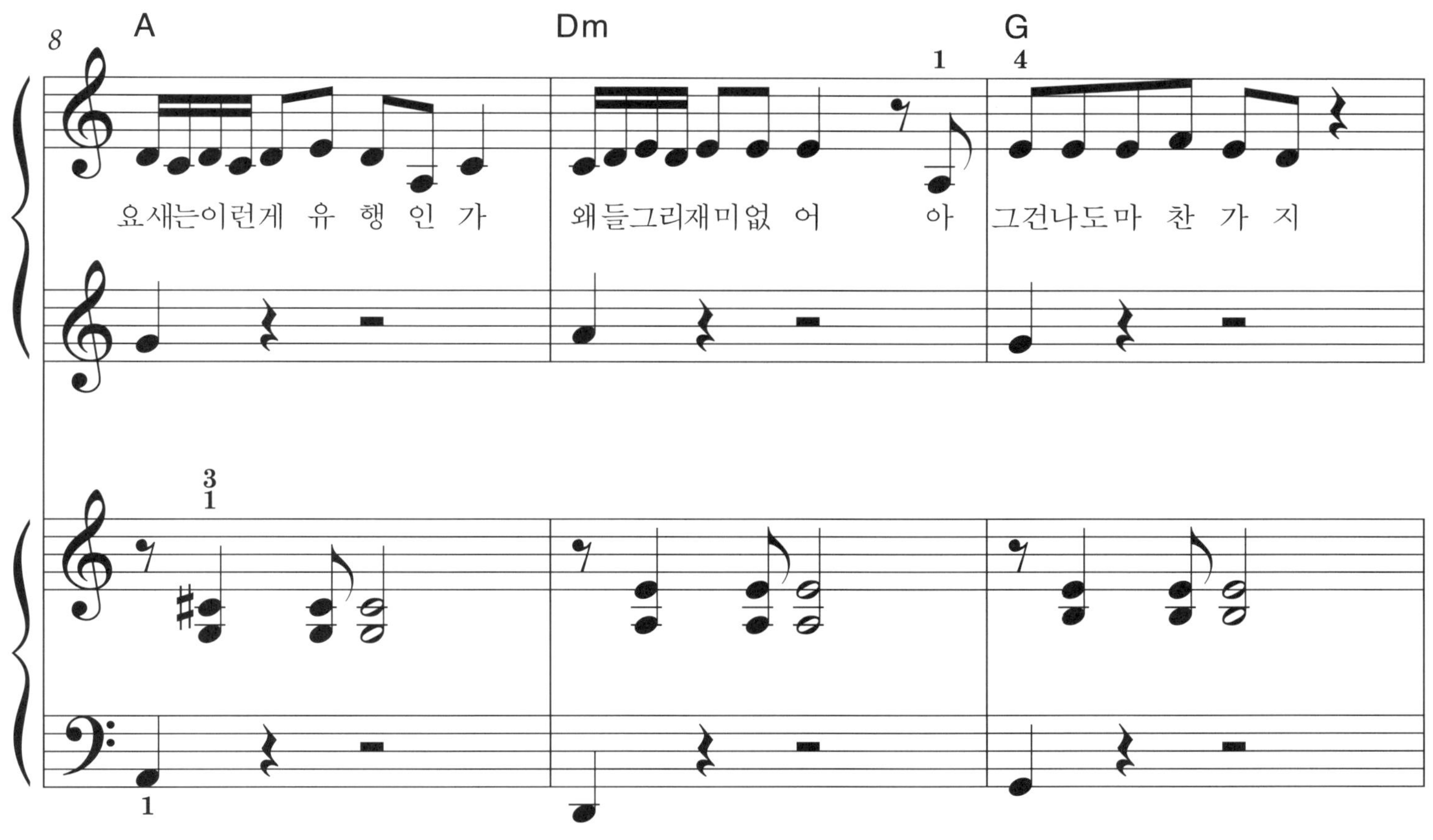

8
A
Dm
G
1
4
요새는이런게 유 행 인 가
왜들그리재미없 어
아
그건나도마 찬 가 지
3
1
1

11
C
A
Dm
3
Tell me what I got to do –
급 한대로블루투스켜 –
아무노래나일 단 틀어
1
5

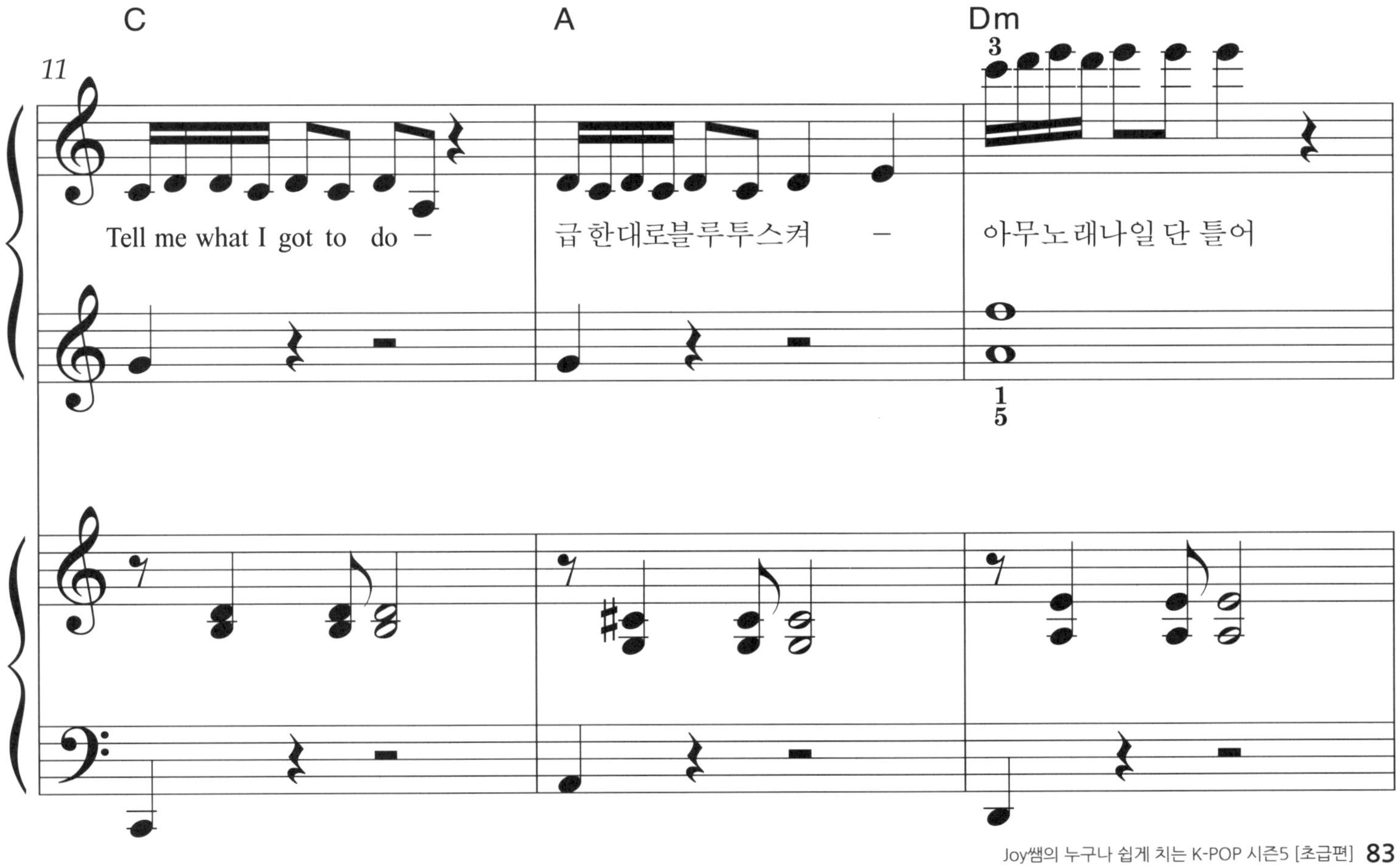

G
C
A
14
아무거나신나는걸 로
아무렇게나 춤 춰
아무렇지않아 보 이 게
2
4
Dm
G
C
17
아무생각하기싫 어
아무개로살 래 잠 시
I'm
sick and ti - red of my eve-ry -
84

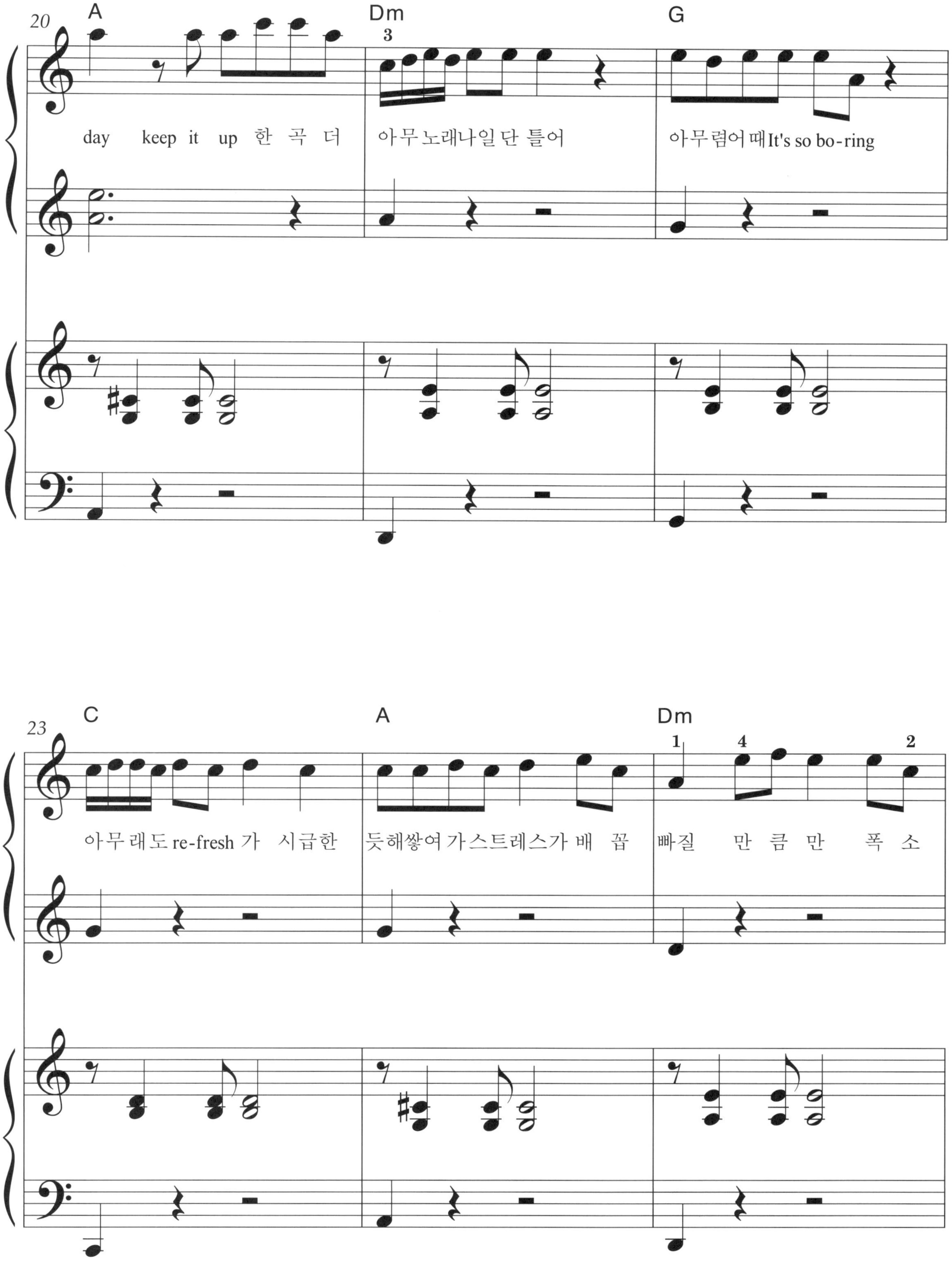

20
A
Dm
G
day keep it up 한 곡 더
아무노래나일단 틀어
아무렴어때It's so bo-ring
23
C
A
Dm
아무래도 re-fresh 가 시급한
듯해쌓여가스트레스가배 꼽
빠질 만큼만 폭 소

G
C
A
26
하고 싶 은날이야 What up my dawgs 어 디야너희 올 때 병 맥 주 랑까까몇개사 와
Dm
Em
A
Dm
29
huh 클럽 은구미가잘안 당 겨 우 리 집거실로빨 랑 모여 외부인은요 령껏차단 시

Em
5
A
Dm
32
켜 밤새 수다 떨 시 간도 모 자라 누 군 힘들어 죽 겠 고누군축 – 제
Em
A
Dm
34
1
2
3
괜 히 싱 숭생숭 I want my youth back 좀전 까지 왁자지 껄 하다

36
Em
A
Dm
3
한명 두명씩 자릴 떠
왜들그리다운 돼있 어

38
G
C
뭐가문제야 say some - thing
분위기가겹 나 싸 해

A
Dm
G
1
4
요샌이런게 유 행 인 가
왜들그리재미없 어   아 그건나도마 찬 가 지

C
A

Tell me what I got to   do –
급 한 대 로블루 투스 켜

파트너

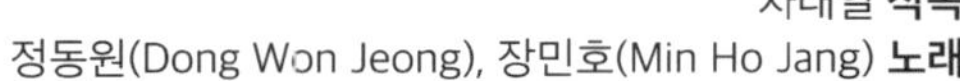

이건우 **작사**
차태일 **작곡**
정동원(Dong Won Jeong), 장민호(Min Ho Jang) **노래**

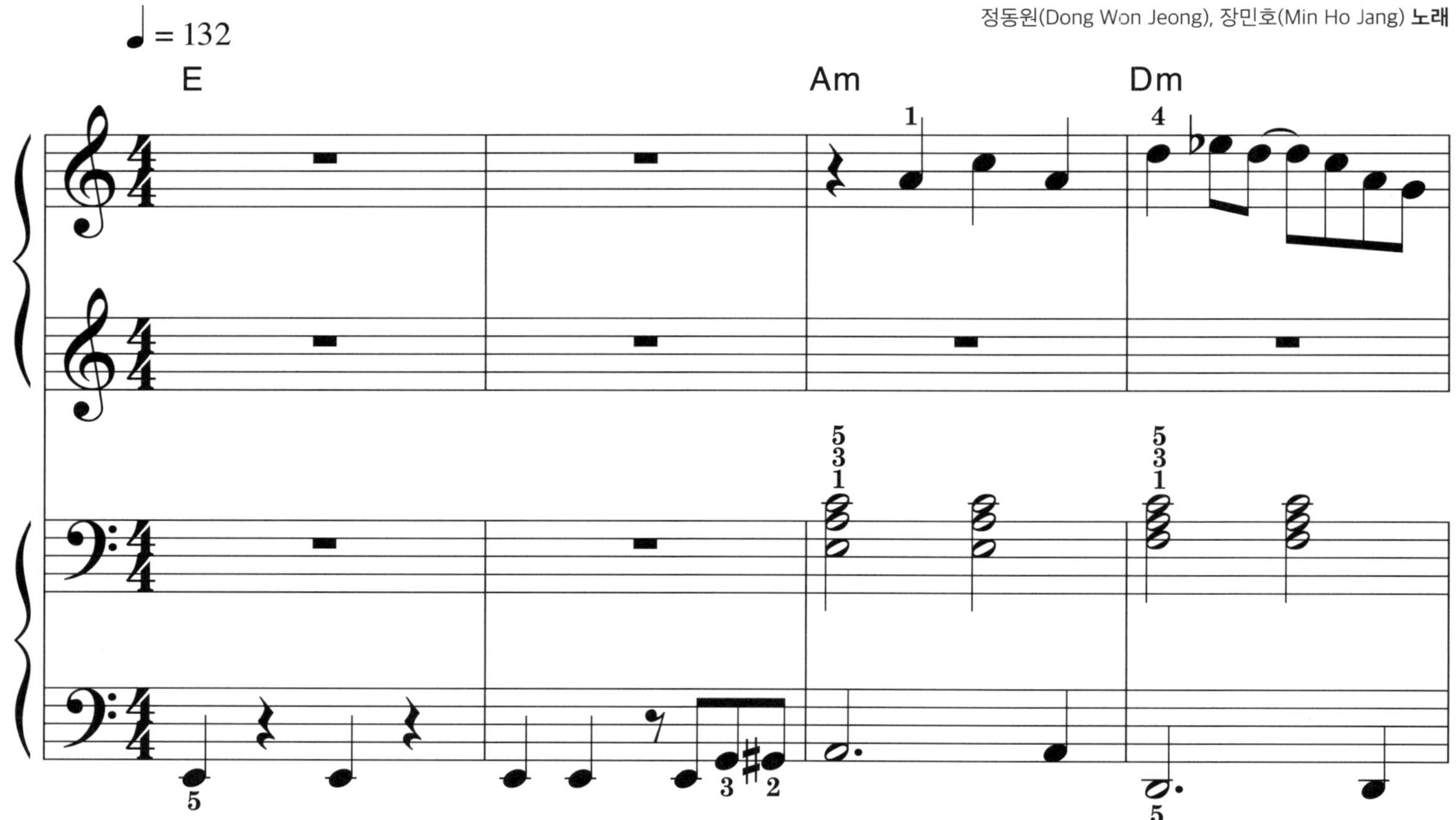

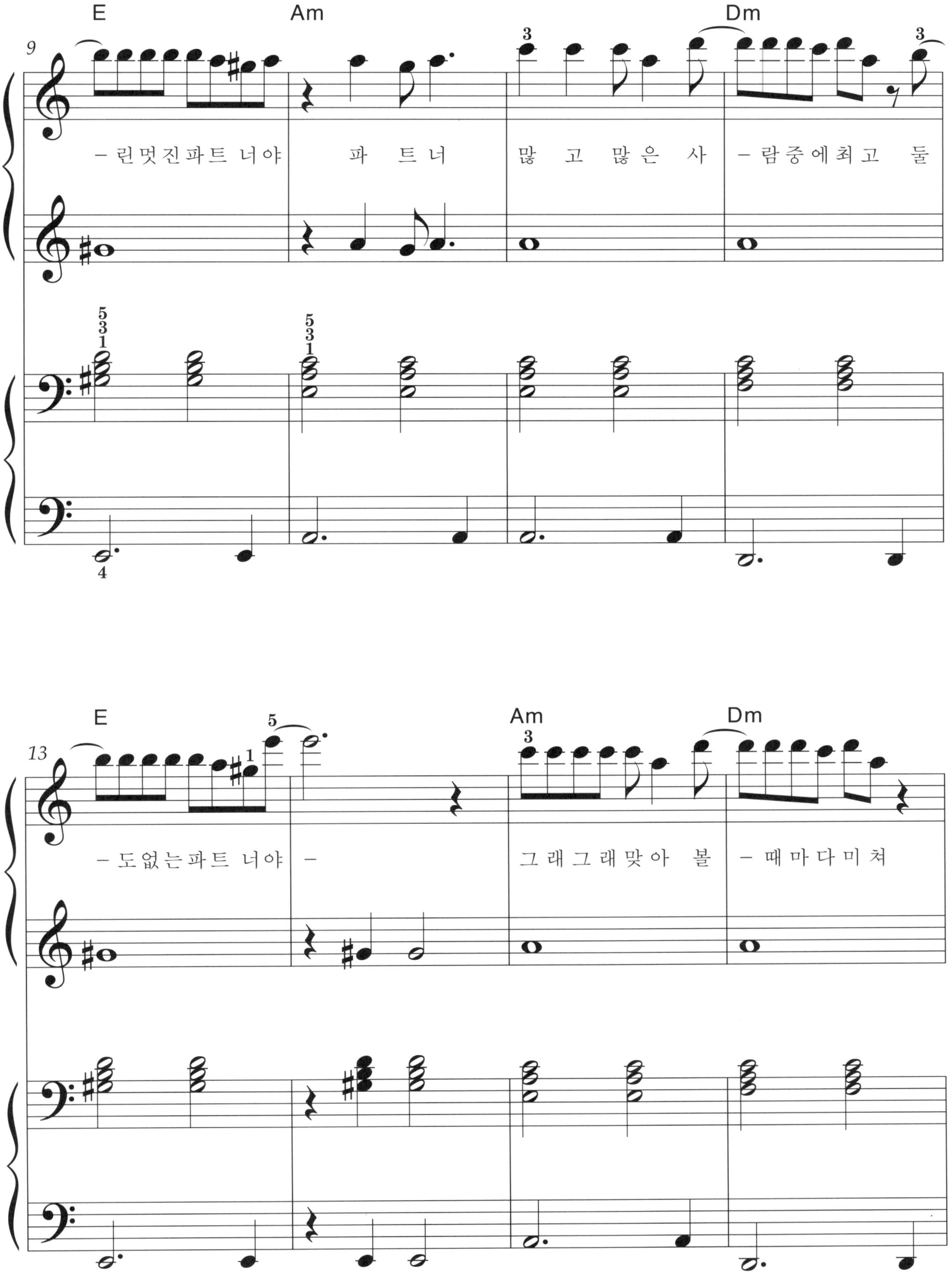

E
Am
Dm
9
- 린 멋진 파트 너야
파 트 너
많 고 많 은 사
- 람 중 에 최 고 둘
E
Am
Dm
13
- 도 없 는 파트 너야 -
그 래 그 래 맞 아 볼
- 때 마 다 미 쳐

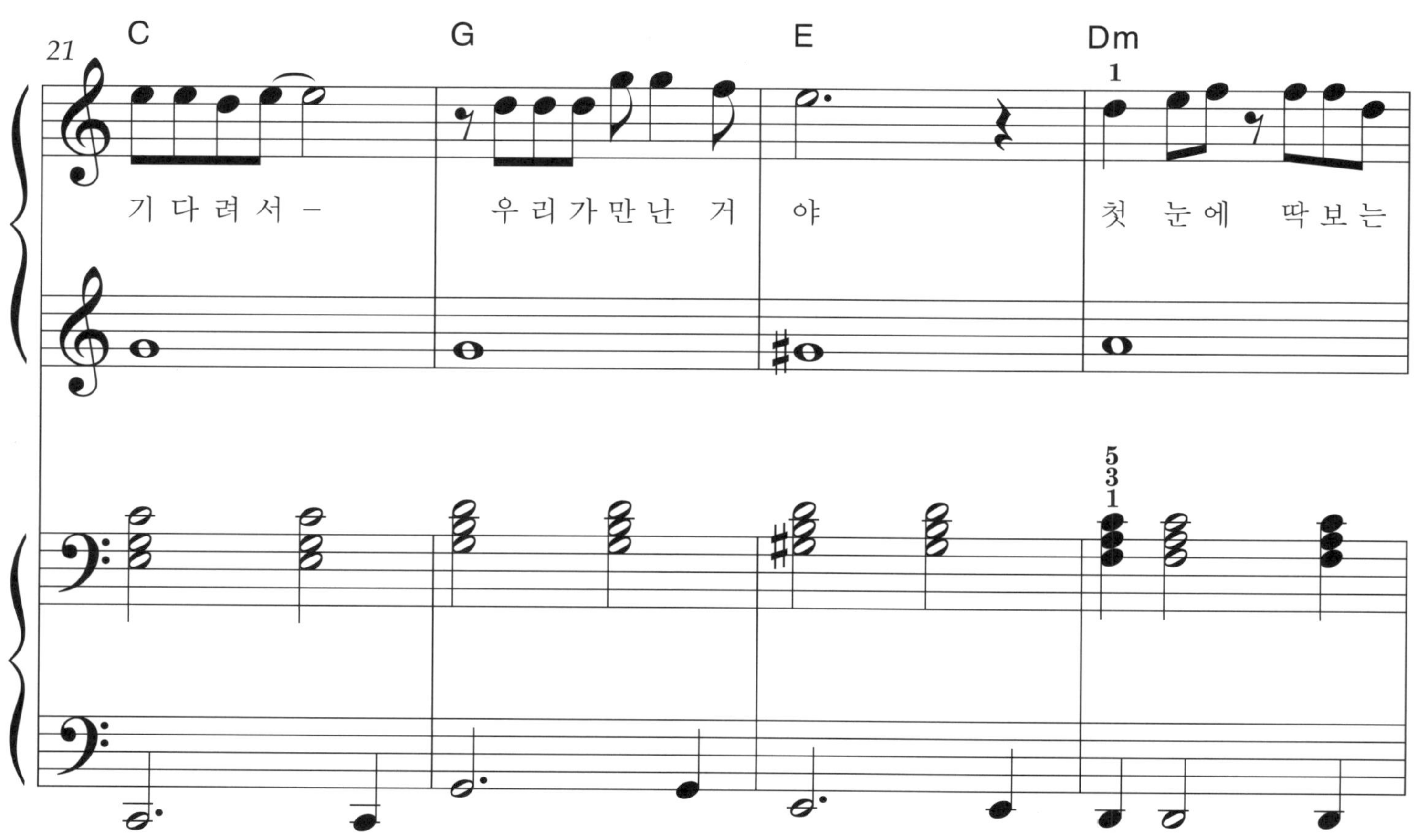

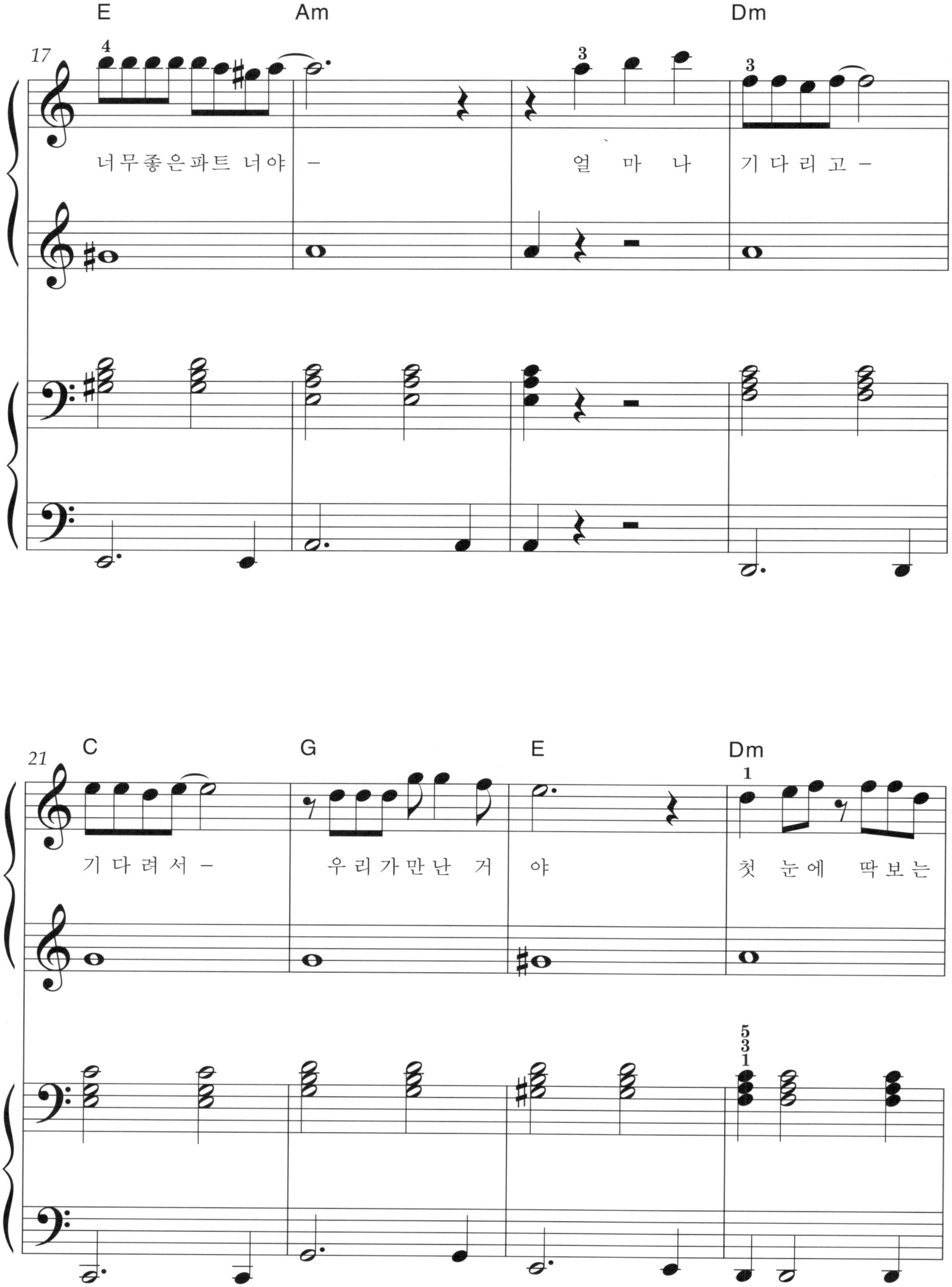

E
Am
Dm
너무좋은파트 너야 –
얼 마 나 기 다 리 고 –
C
G
E
Dm
기 다 려 서 –
우 리 가 만 난 거 야
첫 눈 에 딱 보 는

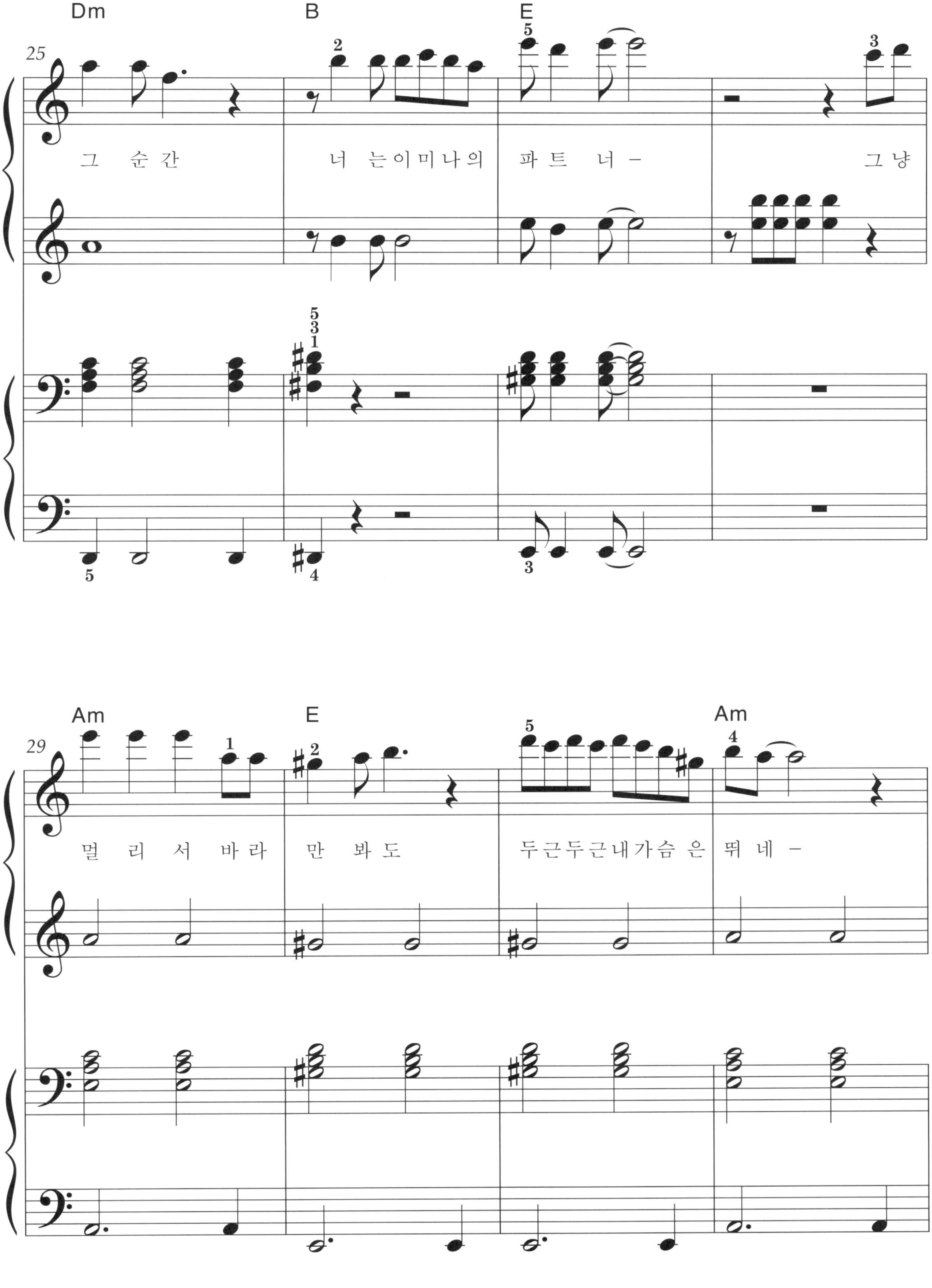

Dm
B
E
그 순간
너 는이미나의 파트 너 -
그냥
Am
E
Am
멀 리 서 바 라
만 봐 도
두근두근내가슴 은 뛰 네 -

Am
G
F
E
33
Come on —
Come on —
더 이 상 어 떻 게 좋 아
Am
Dm
E
37
일 년 삼 백 육 — 십 오 일 동 안 우 — 린 멋 진 파 트 너 야

Am
Dm
E
Am
40
43
3
3
파 트 너
많 고 많 은 사 ㅡ 람 중 에 최 고 둘
ㅡ 도 없 는 파 트 너 야 그 대 ㅡ
그 래 그 래 맞 아 볼

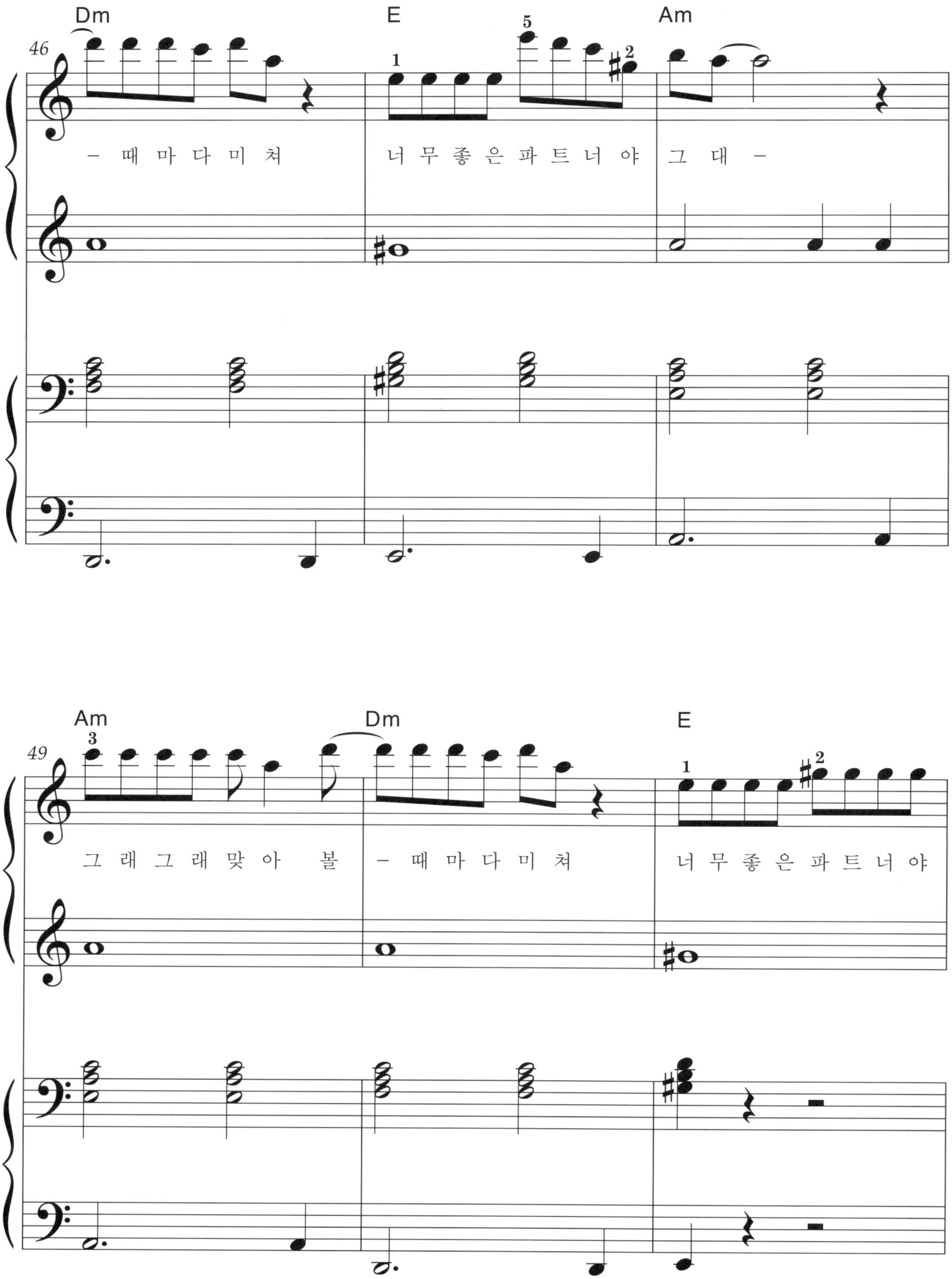

Dm
E
Am
- 때 마 다 미 쳐
너 무 좋 은 파 트 너 야 그 대 -
Am
Dm
E
그 래 그 래 맞 아 볼
- 때 마 다 미 쳐
너 무 좋 은 파 트 너 야

52
Am
E
1
Am
그 대 -
너 무 좋 은 파 트 너 야 그 대 -

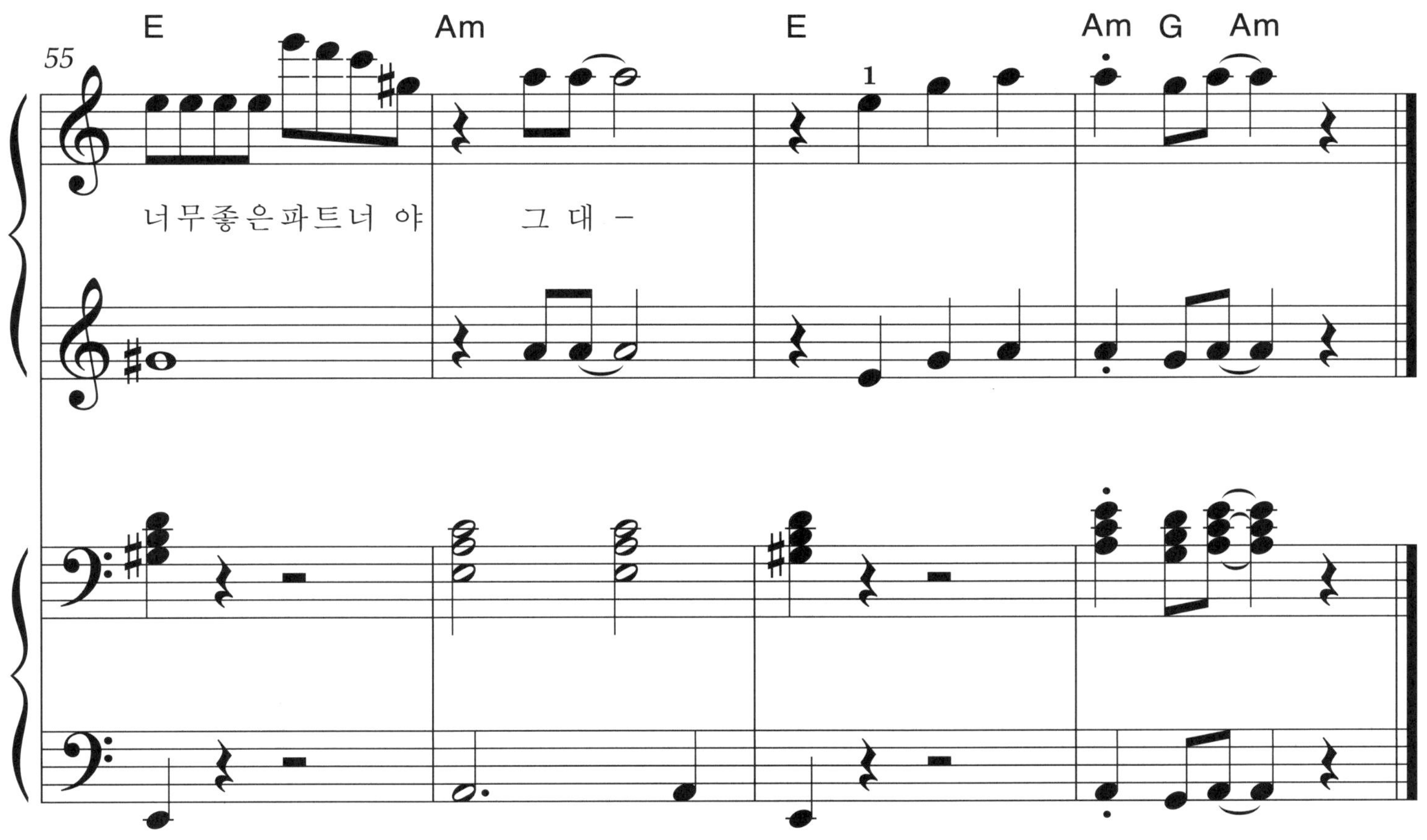
55
E
Am
E
1
Am G Am
너 무 좋 은 파 트 너 야
그 대 -

조희순

명지전문대학 실용음악과 외래교수
한국영상대학 음향제작과 겸임교수
한서대학교 실용음악과 겸임교수
명지대학교 문화콘텐츠학과장 역임
전국 실용 반주 세미나 10,000여 회
실용음악콩쿠르, 대학입시 심사위원 활동
Dasony 예술단 음악감독 역임
KOICA 해외봉사단 음악교육 전임교수
한국동요음악협회작곡가 활동
실용음악전문연구소 Joy Company 대표
삼호뮤직 아카데미 연구센터장

저서
조희순의 반주의 비밀 1~6
조희순의 반주의 비밀 예비과정 1, 2
조희순의 성인을 위한 반주의 비밀 1, 2
조희순의 CCM 반주의 비밀 1~3
[멜로디편 · 리듬애드립편 · 리하모니제이션편]
조희순의 반주의 비밀 멜로디 편
[느린 곡 Mood 편 · 빠른 곡 Energetic 편]
JOY쌤의 누구나 쉽게 치는 OST연주곡집 1, 2 [초급편 · 중급편]
JOY쌤의 누구나 쉽게 치는 뉴에이지재즈소곡집 [초급편 · 중급편]
JOY쌤의 누구나 쉽게 치는 CCM피아노 1~3
JOY쌤의 누구나 쉽게 치는 힐링피아노

JOY쌤의 누구나 쉽게 치는 K-POP [초급편 · 중급편]
JOY쌤의 누구나 쉽게 치는 K-POP 시즌 2 [초급편]
JOY쌤의 누구나 쉽게 치는 K-POP 시즌 3 [초급편 · 중급편]
JOY쌤의 누구나 쉽게 치는 K-POP 시즌 4 [초급편]
JOY쌤의 누구나 쉽게 치는 K-POP 시즌 5 [초급편 · 중급편]
JOY쌤의 누구나 쉽게 치는 K-POP 시즌 6 [초급편 · 중급편]
JOY쌤의 누구나 쉽게 치는 K-POP 시즌 7 [초급편 · 중급편]
캔디팡팡 꼬마 피아노 1, 2
캔디팡팡 바이엘 1~4
캔디팡팡 꼬마 음악놀이 1, 2
캔디팡팡 음악놀이 파티 1, 2
캔디팡팡 연습장 1, 2
캔디팡팡 꼬마 피아노 동요집
캔디팡팡 피아노 동요집 [꼬마 피아노, Very Easy, Easy]
캔디팡팡 음악이론 1~12
캔디팡팡 계이름 나라 1~12
조희순의 간추린 체르니100
코드를 부탁해 (감수)
구르미그린달빛 · 달의연인보보경심려 OST
퀸 보헤미안 랩소디 OST 피아노 연주곡집 [초급편 · 중급편]
겨울왕국2 OST 피아노 연주곡집 [Very Easy, Easy]
빼빼로 프렌즈 재즈소곡집 [꼬마피아노, Very Easy, Easy]
하루 한 곡 재즈 피아노 [재즈 그루브를 만끽할 수 있는 편]
하루 한 곡 재즈 피아노 [블루 노트를 내 것으로 만드는 편]
악보 탐험대 1~3

문혜성

한양대학교 음악대학 성악전공
비디오빌리지 소속 크리에이터 '혜성'
남예종 방송영화제작계열 크리에이티브 교수
웹 무비 'Fairytale in Life' 음악감독
음악저널 콩쿠르 2014년도 고등부문 수상
한양대학교 대동제 2017~2018년 한양가요제 메인 MC
아모레퍼시픽 '에뛰드하우스' 뷰티즌2기 TOP10
LG전자 모바일 V30sthinQ 대학생 개인부문 1위
삼성카드 영랩 2018 해외원정대 2위
한화 금융 라이프 플러스 엠버서더 4기

현대자동차 2020-21 H스타일리스트 최우수상
충청남도 도교육청 초청 연주
KBS '누가누가 잘하나?' 1위
KBS 초록동요제 가족부문 1위
EBS 창작동요제 개인 1위 중창 1위 가족부문 1위
JOY쌤의 누구나 쉽게 치는 K-POP 시즌 2 [초급편]
JOY쌤의 누구나 쉽게 치는 K-POP 시즌 3 [초급편 · 중급편]
JOY쌤의 누구나 쉽게 치는 K-POP 시즌 4 [초급편]
JOY쌤의 누구나 쉽게 치는 K-POP 시즌 5 [초급편 · 중급편]
JOY쌤의 누구나 쉽게 치는 K-POP 시즌 6 [초급편 · 중급편]
JOY쌤의 누구나 쉽게 치는 K-POP 시즌 7 [초급편 · 중급편]

문혜린

경기예술고등학교 음악과 졸업
영 아티스트 초청 연주회 오케스트라 협연
제18회 서울국제 청소년영화제 상영작 〈레가토〉 주연
경기예고 창작 뮤지컬 총 기획 감독
충청남도 학생 음악콩쿨 최우수상
충청남도 학생 창작뮤지컬 기획 대상
극동방송 CCM 경연대회 대상
KBS 창작동요제 대상
JOY쌤의 누구나 쉽게 치는 K-POP 시즌 5 [초급편 · 중급편]
JOY쌤의 누구나 쉽게 치는 K-POP 시즌 6 [초급편 · 중급편]
JOY쌤의 누구나 쉽게 치는 K-POP 시즌 7 [초급편 · 중급편]

Joy쌤의
누구나 쉽게 치는 K-POP
초급편 시즌 5

발행인 김정태
저자 조희순
총괄이사 김정열
편집 신지예 | **디자인** 오승은
마케팅 김경수, 함여경, 손용우, 조재원
제작 전성민, 김우식 | **경영지원** 윤순호, 이현주

발 행 일 2020년 6월 22일 (1판 1쇄)
2023년 8월 30일 (1판 5쇄)

발 행 처 삼호뮤직 (http://www.samhomusic.com)
경기도 파주시 문발로 175
마케팅기획부   전화 1577-3588   팩스 (031) 955-3599
콘텐츠기획개발부   전화 (031) 955-3588   팩스 (031) 955-3598

등 록 1977년 9월 10일 제 3-61호

ISBN 978-89-326-3859-1
978-89-326-3837-9(세트)

교본
꼬마 피아노 1~2

이론
꼬마 음악놀이 1~2

연습장
연습장 1~2

놀이북
음악놀이파티 1~2

[꼬마피아노] 조희순 저 | 각 72p | 스티커, 만들기 부록 포함 | 각 6,000원
[꼬마음악놀이] 조희순 저 | 1권 80p, 2권 84p | 스티커, 만들기 부록 포함 | 각 5,000원

[연습장] 조희순 저 | 각 40p | 각 3,000원
[음악놀이파티] 조희순 저 | 각 48p | 스티커, 만들기 부록 포함 | 각 5,000원

음악이론 1~12

게이름 나라 1~12

조희순 저 | 전 12권 | 각 88p | 230×305mm | 부록 포함(16p), 스티커 포함(1, 2권) | 각 4,000원

조희순 저 | 전 12권 | 각 88p | 230×305mm | 스티커 포함(1~3권) | 각 4,000원

바이엘 1~4

피아노 동요집 (꼬마 피아노, 베리 이지, 이지)

조희순 저 | 각 72p | 만들기 부록(1권) 포함 | 6,000원

조희순 저 | 230*305mm | 꼬마 피아노: 88p, 베리 이지: 88p, 이지: 96p | 각 6,000원